圈层经济

企业如何针对圈层做产品、做市场

罗小林◎著

中国经济出版社
CHINA ECONOMIC PUBLISHING HOUSE
北京

图书在版编目（CIP）数据

圈层经济：企业如何针对圈层做产品、做市场/罗小林著．
北京：中国经济出版社，2017.9（2024.1 重印）
ISBN 978－7－5136－4795－3

Ⅰ.①圈… Ⅱ.①罗… Ⅲ.①消费经济学—研究—中国 Ⅳ.①F126.1

中国版本图书馆 CIP 数据核字（2017）第 184527 号

责任编辑　牛慧珍
责任印制　马小宾
封面设计　久品轩工作室

出版发行　中国经济出版社
印 刷 者　永清县晔盛亚胶印有限公司
经 销 者　各地新华书店
开　　本　710mm×1000mm　1/16
印　　张　13.75
字　　数　150 千字
版　　次　2017 年 9 月第 1 版
印　　次　2024 年 1 月第 2 次
定　　价　78.00 元
广告经营许可证　京西工商广字第 8179 号

中国经济出版社 **网址** www.economyph.com **社址** 北京市东城区安定门外大街 58 号 **邮编** 100011
本版图书如存在印装质量问题，请与本社销售中心联系调换（联系电话：010－57512564）

前言
PREFACE

圈层：企业家的财富和生产力

“你是谁不重要，重要的是你和谁在一起。”这句话简单而深刻地阐述了圈子的力量。对于企业家来说，圈子决定格局，人脉就是财富，朋友等于生产力。在这一平台之上，企业家可以相互学习借鉴，碰撞思想，实现企业间的优势整合、资源共享、合作共赢，共同推动企业向前发展。在圈子中，企业家谈笑风生之间，便可能决定企业的生死甚至行业走向。例如，蒙牛集团在最困难时期，就是靠牛根生朋友圈的几位好友主动提供资金协助，从而帮助蒙牛集团渡过一劫的。

圈子对企业家如此重要，加上目前中国经济已由大众消费经济转型到小众消费经济阶段，即“圈层经济”时代，那么企业家该如何玩转圈子，又该如何应对圈层经济时代呢？

作为一个站在讲台上10多年的企业经营管理培训师，一个经营两家集团企业多年的董事长，我对圈层经济有自己的一些心得体会和看法，并在实践中总结出了具有理论价值的结论，我迫切希望通过《圈层经济》这本书引发更多的企业家对企业发展和人生事业进行深度思考，能真正感受到圈层的意义和价值所在。我也希望通过这样一种交流方式，帮助企业家创新圈层商业模式，实现企业的自救和发展。

我认为，参与圈层经济并想要获得成功，一是做好定位，即你想定位在哪个圈层；二是针对这个圈层做市场细分，进行精准营销。这两点是圈层经济的灵魂。为此，本书围绕以下议题展开：圈层的概念，圈层经济的特点，圈层经济的企业组织，圈层经济的产品定位，圈层经济的圈层营销，圈层经济的投融资，圈层经济的商业案例，圈层经济的圈层文化，商业大佬的顶级商圈。

通过阅读本书，读者可以了解圈层经济的本质与商业逻辑，明白参与圈层经济的实操路径。同时，书中还解析了大量商业案例，从理论到实践为读者提供了可资借鉴的原则和方法。

特将本书献给那些正在奋斗中的人！希望本书能对企业家、管理者以及研究企业经营的人有所帮助！

2017年7月18日于深圳

目录
CONTENTS

第一章　圈层概念应运而生，圈层经济猛然崛起

互联网时代，人与人之间以某种特定的方式更紧密地联系在一起，从而形成了某些特定的圈层，圈层内的人一呼百应，圈层外的人却可能完全没有存在感。如果一家企业能够把“特定口味的蛋糕提供给特定客户”，那么这就是圈层商业模式，在这个模式下，企业不但有了存在感，而且会大有作为。

第二章　圈层经济的特点：被消费、圈层化、去中介

圈层经济有三个特点：快速被消费，圈层化明显，传播过程去中介。创业者想要往圈层经济去做，必须用户在前，产品在后，即先拥有某一圈层的消费者，然后针对这个消费群体研发产品，实施圈层营销，达到圈层消费的目标。

第三章　圈层经济的企业组织

在圈层经济模式下，企业组织形态再次升级，“小而美”成为企业组织形态的未来发展方向。例如，韩都衣舍的产品小组制，腾讯的微信独立小分队，海尔的雷神游戏笔记本独立小分队等，都是这方面的典型代表。

第四章　圈层经济的产品定位

每个圈子的成员都有他们相似或相同的爱好，也都有他们习惯使用的品牌和产品，这体现出圈子与产品的对应性特征。在互联网时代，圈子使用产品的差异已经不是价格问题，而是价值体现问题。

第五章　圈层经济的圈层营销

圈层营销的实质是同一圈子里的人际传播营销，它正在成为未来高端市场的主要营销手段之一。做好圈层营销，首先要明确联动、产品、整合这三个操作要素，在实施过程中，必须找准圈子、找到意见领袖、挖掘专属渠道、激发高品质活动品牌效应等。

第六章　圈层经济的投融资

本章选取农行、市值风云、亿荣投资等几个案例，展示不同圈层的投融资风云，分析每个案例的投融资逻辑，最后阐述了通过资金管理来打造“圈层金融”生态产业链的路径，旨在为圈层会员们提供实例借鉴及投融资策略。

第七章　圈层经济的商业案例

统一集团推出的“小茗同学”，以其“认真搞笑，低调冷泡”的品牌诉求为年轻的消费者演绎了精彩圈层运作逻辑；腾讯视频在整体二次元圈层的深耕，体现了腾讯视频对二次元文化的开拓与探索；碧桂园十里银滩的圈层营销，堪称圈层营销的范本；深海八百米锁定大众圈层的做法，展现了与众不同的风采；Lululemon 主打女性圈层运动市场，成为圈层品牌的代表。

第八章　圈层经济的圈层文化

圈层经济必有圈层文化。由于圈层文化的存在，导致越来越多的企业和个体在社交媒体上的行为呈现出"轻互动"的特点——不崇拜权威，不信奉学说，只关心自身圈层的内容和讨论。圈层文化的重要性是显而易见的。

第九章 顶级商圈：揭秘商业大佬的圈层经济

"圈子"所形成的聚合能量不容忽视，尤其是商业大佬的"圈子"，举手投足之间，便可能决定企业生死甚至是行业走向。华夏同学会、泰山会、中国企业家俱乐部、江南会、正和岛、SEE生态协会都是顶级的商圈。

第一章

圈层概念应运而生，圈层经济猛然崛起

互联网时代，人与人之间以某种特定的方式更紧密地联系在一起，从而形成了某些特定的圈层，圈层内的人一呼百应，圈层外的人却可能完全没有存在感。如果一家企业能够把“特定口味的蛋糕提供给特定客户”，那么这就是圈层商业模式，在这个模式下，企业不但有了存在感，而且会大有作为。

中国已进入小众消费经济时代

中国经济已由大众消费经济进入到小众消费经济，被称为“圈层经济”时代。在大众消费经济的时代，企业比拼的是规模、产能、品牌、质量等，只要把这几条控制好，企业一般都会发展得很好。而在小众消费经济时代，“小众”的人们开始追求有个性的产品。在小众化消费阶段，只有能够把握小众化市场独特需求的企业才能胜出。

◎ 大众化消费到小众化消费的转变

大众化消费到小众化消费的转变是与市场经济发展相呼应的，这个过程经历了三个阶段：短缺经济阶段、商品经济阶段和产品经济阶段。

短缺经济意味着处于供不应求阶段。这个阶段很多产品都非常紧缺，要凭证、凭票才能买到。

商品经济意味着大众化消费阶段。企业通过社会化大生产降低了成本，使产品达到了物美价廉的境界，很多产品尤其是耐用消费品进入千家万户，就像当年福特汽车大批量进入普通家庭一样，一种型号、一种颜色卖遍全美国，靠的就是规模经济效应。

产品经济意味着小众化消费阶段。步入中产阶层的消费者不再满足于大路货，他们开始追求有个性、有特色、有品位的产品。当小众化消费发展到一定程度的时候，有些人就会提出更特殊的要求，这个时候就从小众化市场逐渐分化为个性化市场。

可以说，在短缺经济时代，只要能提供满足客户基本需求的产品，消费者就谢天谢地了。而在大众化消费时代，只要有一个比“假冒伪劣”产品好的产品，只要有一个比杂牌产品有保障的名牌，只要物美价廉，就能取得成功，就会成为家喻户晓的知名大品牌。在小众化消费阶段，企业与企业之间的竞争就是看谁能够把握小众化市场的独特需求，并根据这种独特的需求来制定企业战略，并开发出相应的产品和服务。

◎ 中产阶层将成为主流消费群体

中产阶层是推动小众化市场发展的一股重要力量。如果是10年前谈论小众化市场肯定不合时宜，而今天谈论小众化市场恰恰就合适了。因为中国的中产阶层在过去10年中有了突飞猛进的发展，这个群体的总量已经达到了欧洲最大发达国家的水平，消费能力相当可观。而中产阶层的消费心理、消费模式和过去的温饱阶层消费者有着本质的区别，中产阶层的消费特点如表1－1所示。

表 1－1　中产阶层的消费特点

事项	内容
独立思考，理性消费	这一特点意味着他们不会轻易地相信忽悠、宣传或者是过度的推销，他们凭着自己的头脑去做判断，而且是理性的判断。他们不再人云亦云，跟风模仿，而是走自己的路，有自己的独到见解，寻找彰显自己个人品位的产品。那种一窝蜂买 LV（路易·威登）的时代即将过去
从追求价格到追求价值	这就是中产阶层为什么不买便宜车、不买便宜手表、不买便宜衣服的原因。因为中产阶层最关注的是价值，一个产品值还是不值，它的品质好不好，它的服务好不好，它能给客户带来什么感觉和体验，都会成为衡量一个产品价值的标准，这种完整产品的概念会逐渐深入人心
注重品位，注重搭配	这一特点也就是人们常说的"小资情调"，做什么东西都要讲究品位，与环境和谐。例如，一个天天挤公交车的人拿着价值万元的手包，一个穿着价值千元衣服的人却系着爱马仕腰带，一个西装革履的人却穿着廉价的白袜子，一个浑身上下都是名牌的人却在公共场合大声喧哗，这些都是没品位、不懂搭配的具体表现。不是说收入低的人就没有资格消费，而是说不管消费什么都要搭配好，上下一致，内外和谐。要知道，品位不是短时间内可以培养起来的，需要修炼，需要培训，需要观察

随着中产阶层这个小众化市场的出现，中小企业时代正式开启，以创新为核心竞争力的中小企业有了成为"未来明星"的希望。你准备好了吗？

圈层经济以社群经济崛起为入口

从社会学意义上说，所谓社群，是指在一定地域内发生各种社会关系和社会活动，有特定的生活方式，并具有成员归属感的人群所组成的一个相对独立的社会实体。而互联网带来了超越地域的联系与连接，社群成为一种拥有强关系、相同兴趣爱好或者价值认同感的人共同组成的群体。对圈层经济来说，社群就是圈层，社群经济就是圈层经济的最佳入口。那么，如何通过社群做圈层经济？这要分为两步：第一步是建立社群，第二步是针对社群确定运作模式。当然，你也可以利用其他人已有的社群，不过这需要具备跨越他们的“门槛”的能力。下面我们主要讨论一下通过社群做圈层经济的方式。

◎ 建立社群的原则和做法

著名财经作家吴晓波说，一个好的社群应该具备三个特征：有态度的内容，即内容必须有价值，如 QQ 做的是用内容连接一切；

圈层化互动，即社群应该是真实的而不是飘在空中的，它可以产生大规模的互动；共享中互利，即每个人在社群中既是一个获利者，也是一个贡献者，通过共享和互利，让这个社群变得更加长久。那么，如何建立这样的社群呢？

首先要坚持社群基本原则，即平等、兴趣和分享，这也是所有成功社群都遵循的原则。所谓平等，即企业（个人）与粉丝，粉丝不被称作粉丝，而是你的朋友、伙伴。每个人都拥有独立的想法，都需要被尊重与认可，而社群给予了你这个圈子。所谓兴趣，即都拥有同样的兴趣，如对小米手机的兴趣、对罗振宇的兴趣以及对学习的兴趣等。所谓分享，即社群的伙伴都是愿意分享的。在互联网时代，信息流通早已经不是独享信息的时代。也只有分享才能把社群壮大，吸引更多的人。

除了坚持上述原则，构建一个社群还需要做到以下几点：第一，开始要有稳定的内容输出。例如，小米手机产品的输出、罗振宇语音内容的输出等。也就是说，要有一个点能够吸引到相应的人群追随。第二，满足人的某种需求而建立，也就是社群定位。例如，交友、学习、生活、商业等。第三，去中心化，人人都是自媒体。目前的社会，每个人都是一个主体，都渴望成功，渴望被认可。有这样两种情况：如果一个社群规模太小，大家不愿意加入；如果一个社群规模太大，大家又会因为缺乏存在感而觉得无趣。因此，社群一定得满足成员被尊重、被关注的需求。第四，互动运营，拥有社群成员后得打造一个引导社群用户进行自运营、自传播的自组织。否则，新鲜感一过，新建立的社群便会销声匿迹。第五，打造情感的认同。一个成功的社群核心最终必定是情感，类似信仰。

建立一个社群并非一朝一夕之功，社群讲究的是一个团体的共赢，社群中的每个人都有自己的理性判断，而不会盲目地跟从。

◎ 针对社群确定运作模式

不同的社群有不同的运作模式。在移动社群时代，产品型社群、兴趣型社群、品牌型社群、知识型社群、工具型社群等相互交融的社群生态如雨后春笋般涌现，社群的规模、玩法和力量都即将迎来一场大爆炸，在这里存在大量的未知机遇。

下面不妨来看看那些较成功社群的运作模式，如表 1－2 所示。

表 1－2　成功社群的运作模式

运作模式	典型社群
自媒体社群	典型的就是罗振宇，罗振宇的罗辑思维是社群经济最早的定义者与实践者，尤其是罗振宇在 4 个月内两次招募付费会员，入账会员费近千万的故事，让人对社群商业的力量惊叹不已。而罗振宇所做的是上传每天一段语音，每周一期视频脱口秀，不带重复，和当下生活联系紧密，接地气，能够引人深思、给人启发。持续而优质的自媒体内容，塑造了他的魅力人格。自媒体社群讲究魅力人格，产生了铁杆用户。如用户拥护支持罗振宇，甚至愿意付出金钱，而罗振宇也给予这些用户关于罗辑思维的定制图书，各种活动的优先权，一起游山玩水等。他们之间的关系是相互的，没有粉丝，只有朋友。用户对罗振宇的支持好比朋友间的欣赏，而罗振宇对用户好比朋友间的帮助，提供有用观点，一起活动游玩等

续表

运作模式	典型社群
产品型社群	典型企业为小米科技，小米科技初创时精心挑选了100位超级用户，参与MIUI的设计、研发、反馈等。借助这100人的口碑传播，MIUI得以迅速推广。这100人就是社群的第一批种子用户，这些用户具有强大的参与度，与企业是一种平行的关系，而不是单纯的消费者与商家的关系。单纯的消费者想要更多的利益（如打折、优惠券等），而这100位用户更加具有包容性，包容企业的过错，参与企业产品的研发。他们之间有着朋友间“患难与共”的联系。小米科技有最新的版本体验，配件研发的成功也会第一时间告诉这群人，形成一种朋友间的连接。而这群用户在使用小米手机的过程中即使软硬件出现问题，也会尽力去帮助、拥护，而不是离开。由此可见，小米科技的成功和最早的这一批社群用户有着莫大的关系
女性 自组织社群	典型的为趁早（北京）科技有限公司，他们提倡的是在乎人性中应该被训练出的理性和自律。趁早在全国众多城市都拥有“趁早读书会”，该读书会会自发策划一些活动，如职场分享、电影沙龙、心理讲座主题等。对于趁早社群成员来说，这些活动主要能够拓宽知识面，解决问题，让大家一起成长，能够认识一些志同道合、同频率的朋友等。趁早总部会给予读书会一些巡回演讲，跑团基金的支持。而读书会的发展，则会聚集一部分拥有自律性、有追求、同频率的女性，形成一个社群。并由此打响趁早品牌的知名度，两者之间更多的是平等的连接，共同进步
学习型社群	典型的为颠覆式创新研习社。颠覆式创新研习社是针对互联网思维的学习组织。该社群以年为单位收会费的形式聚集了一波爱学习的人群。进该社群的人员有着相同的学习爱好，都是想改变自己或者是有创业梦想的人群。研习社主要为学员找名师提供大课供社员学习，而社员在学习知识的同时还可以认识到志同道合的朋友进行社交。两者间的联系围绕着一个关键词——学习。以学习为纽带聚集一帮人，形成一个学习社群

社群的类别远不止以上几种，还有品牌型社群、兴趣型社群等。看了这些社群运营方式，你想在自己的社群中怎样运营？只要你认真研究社群，就能占领圈层经济的这个入口。

互联网时代下的圈层概念解析

“物以类聚，人以群分”，这是一条恒久不变的社会定律。不同时期，不同社区，人们对圈层有着各自不同的理解。在互联网时代，高端人群以兴趣爱好、品位修养、社会责任等划分出一个个专属领域，这就是互联网时代的圈层。

◎ 互联网时代圈层的特点

现在的网络世界，无论是腾讯微信、兴趣部落、新浪微博、阿里天猫、麦圈资讯、天天圈、一点资讯、今日头条、百度、网易、网游等都在玩圈层，这些让传统的营销策略插上了腾飞的翅膀，做到了世界级的精准定位，粉丝团精细化地运作，把传统的圈层搬到了无国界的圈层。可以说，互联、互通、互利、互惠给精准生活化营销加上了亿万次方根。

那么，互联网时代的圈层具有哪些特点呢？有人总结出四大特点，即封闭性、死忠性、分散性和崇拜性。封闭性的意思是圈层相对比较封闭，圈层中人的立场和兴趣一致，而对外则比在线下更加激进地排斥；死忠性即圈层的成员比较死忠，表现为内部的团结非常突出，他们对待某个理念某个观点抱有死忠的支持；分散性是指圈层分布得比较分散，可能有数千个，这使得传播变得比传统媒体时代要艰难许多（这一点在人人网和豆瓣上表现得尤为突出，在微博、微信中也形成了很多松散化的圈层）；崇拜性即有很多追随者，圈层内部虽然也比较分散，但却在社会上有很多追随者，只有少数是领袖，具有一呼百应的特点（这方面的例子很多，如随处可见的什么社会导师类、段子类、毛左类）。

上述总结应该是客观的。明白了圈层的特点，那么做圈层经济就要分析自己的目标圈层，设计有针对性的内容，通过圈层领袖，进入圈层。前三步是过程和步骤，第四步是结果。要让圈层给我们带来真真切切的“内生价值”，就需要用心地经营自己的圈层。

◎ 圈层的核心功能：信息传递

互联网时代的圈层，实际上是一种信息和人脉的集合，其核心功能是传递信息。圈层是由许多不同的人组成的，你认识的人越多，你的圈层越大，信息更新的速度也越快，掌握的信息也越广泛、越准确。在这个信息发达的互联网时代，谁拥有准确、丰富的信息，谁就拥有更大的发展机遇。那么信息从何而来呢？圈层便是信息传递的场所，它是成就事业发展的平台。

谷歌原总裁李开复是一个内向的人，他在刚进入微软期间，为了建立自己的圈层，竟然给每一名高级职员发送请帖，每次邀请一个职员共进午餐。当记者问他为何要那么做的时候，他说，和人交际本来就不是他擅长的事，他这样做完全是为了能真正融入微软的圈层里去，只有融入了这个圈层，才能获得更多、更准确的信息。

圈层是一个信息传递的特殊“媒体”，并且这种口碑效应远比广告真实有效。有一种洗发水做了如下广告：“我告诉了两个人，她们又告诉了另外四个人……”接下来屏幕上出现了数不尽的女性，个个都拥有漂亮而干净的秀发。女人因为从自己的交际圈里获得了美化自己的信息，知道了美发的奥秘；商人因为从自己的交际圈里了解到更多的商业信息，获得了市场与机遇。时下流行的安利、雅芳等品牌的直销模式就是通过圈层来进行产品销售的。

在现今这样一个信息化社会里，一个人思考的时代已经过去了，能否建立为你提供“情报”的品质优良的人脉网，是决定事业成败的关键。当你与人沟通、分享资源并建立起一个庞大的圈层时，你会发现这不仅使你有能力管理自己的生活，更能让你充分享受生活，并应付其中的变化。

总之，当智慧、财富、创意借由圈层碰撞时，圈层不仅成为丰富精彩的个人生活的保证，它也成为经济、文化、社会发展的原动力。它将相似财富背景、生活品位和消费习惯的人们聚集在一处，享受同一圈层中人交往的乐趣，为人们有意或无意创造联合互助的契机。

圈层经济颠覆传统商业模式

圈层经济是随着社会进步和科技发展而形成人性的经济，是基于移动互联网的发展、消费升级、社会共享等多种原因引起的一种未来商业新趋势，它深刻改变了传统商业模式下的供求关系。对未来缺乏思考的企业还在采取工业化时代的传统商业模式；对未来有思考和远见的企业则正在建立或已经建成了自己的圈层，各式各样的产品都能实现与圈层的连接，产品生产、组织、流通等环节都因此发生了变化。圈层经济是对传统商业模式的颠覆。

◎ 什么是传统商业模式

传统商业模式基于实体企业进行交易，其销售过程是：厂家→代理商→零售商→客户。销售的特征是各级从上级进货，买断上级的商品所有权，赚取差价，代理销售的品牌数量有限，供货渠道较稳定。

传统商业销售模式重渠道建设，如人员促销、商品展示；利用广告营销活动扩大品牌及商家知名度；注重权威机构对产品的认证，对产品在实际消费中的质量及厂家、商家的售前、售中、售后服务水平重视不够，更主要的是没有一个全面客观的对比质量及服务水平。

随着消费的升级，人们的消费观念和消费行为都发生了巨大的变化。当消费者呈现出在线化、碎片化、个性化、社群化、去中心化、去中介化特征的时候，传统的商业模式、盈利方式也要随之发生改变，去适应新消费时代。

◎ 圈层经济的形成和对传统的颠覆

圈层经济是圈层的消费和分享，圈层中的人是一个互助、共赢、共享的平等合作关系，你可以成就别人，别人也可以成就你。对于传统商业模式来说，圈层经济所导致的这种变化是根本性的，可以说圈层经济的形成过程就是对传统商业模式的颠覆过程。

最早让国内观察者看到圈层经济威力的是民营企业家社交圈，泰山会就是其中最为典型的样本之一。泰山会有着近 30 年历史，其建立的年代，相关政策更迭频繁、商业环境风雨飘摇，民营企业家既缺少话语权也缺少安全感，于是“组团发声、抱团取暖”就成了促成此类商会出现的主要动因。圈层成员的雪中送炭，也让蒙牛、巨人等民营企业渡过了危机，涅槃重生；圈层的凝聚作用，让企业联合起来与欧洲的政府或商业机构对簿公堂。而随着民营企业的壮大与商业环境的改善，“寻找商机、互通合作”成为江南会、正和岛等后起之秀的主要议题，诸多圈层成员在其中实现了商业利益的最大化。“你是谁并不重要，重要的是你和谁在一起”，人脉与知名度都可以转化为企业的生产力，圈层经济已成为民营企业平稳发展的影子推手。

网络时代自媒体的兴盛，让圈层经济的魅力延伸至线上、扩展到寻常百姓家：打开 P2P 社交软件朋友圈，爆炸式的信息便迎面扑来，各类代购、推荐、图片广告层出不穷，让你疑心误入了淘宝端口。自媒体时代微信里的“熟人经济”，让朋友圈变成了生意圈，“现在刷微信朋友圈有时候感觉像在逛淘宝”。不管你喜欢不喜欢，你的朋友圈里一定有人在卖东西。“支持专柜验货”的国外化妆品代购，琳琅满目的首饰，刚出炉的杯子蛋糕……手指往下拉的一瞬间之后，看到的不仅是朋友们记录的生活，也夹杂着他们出售各种产品的信息。手机连着的那一边，这些在微信平台上做生意的人通过找到货源、晒出照片、联系买家，以几乎零成本的代价开启了自己的创业之路，同时他们发现自己也被朋友圈创业改变了。

互联网时代下的圈层经济在对传统商业模式颠覆的同时，还衍生出了更多新的商业模式，如众筹模式。众筹模式来源于海外，简单来说就是向大众筹集资金。在国内，众筹模式最有名的案例当数 3W 咖啡。2011 年 3W 咖啡向社会公众进行资金募集，每个人 10 股，每股 6000 元，相当于一个人 6 万元。很快，3W 咖啡汇集了一大帮知名投资人、创业者、企业高级管理人员，包括沈南鹏、徐小平、曾李青等数百位知名人士，股东阵容堪称华丽。对于众多采用众筹模式的项目团队来说，众筹的过程就是圈定粉丝的过程——对方愿意投钱的前提是对这款产品感兴趣。于是，经常会出现很多团队所需要的众筹资金只有几万元的项目，其实这些团队真的不缺那点钱，而是想通过众筹找到一帮忠实用户：一来做个市场调研获取反馈；二来只要最终产品能抓住他们的心，就建立了长久的联系。

除了众筹模式还有 O2O 模式，并且它已经成为新时代电商生存的宝典。继京东集团宣布与全国 15 个城市大约 1 万家便利店合作之后，2014 年 3 月 21 日互联网巨头腾讯宣布以 1.8 亿美元入股房地产 O2O 整合服务平台乐居股份。一时之间，O2O 这种线上与线下相结合的发展模式备受业界关注。从用户体验的角度来看，O2O 更具交互性，为用户及商家提供了面对面接触与交流的机会，互联网成为线下交易的前台。以家居行业为例，购买一套沙发选择黄牛皮还是水牛皮，选择头层牛皮还是二层牛皮，如果仅在互联网上通过图片和文字描述，消费者难以获得清晰的认识。通过 O2O 模式，消费者可先在网上了解到相关信息，再到线下展示厅进行实体体验，有利于做出最终的理性决策。同样，有了线下切身的体验，消费者在互联网上订购也会更加放心。

总之，圈层经济颠覆了传统的商业模式，并且已经成为未来中国网络经济下一波巨大的商业机会。所以，应该从现在开始为自己搭建一个属于自己的圈层，在这个圈层里你可以轻轻松松赚大钱。

圈层经济的未来不可低估

圈层经济的力量究竟有多大？其未来走向如何？我们先来看一个例子。

2016年12月，阿里支付宝上线校园日记和白领日记，面向少量用户对这一圈层产品进行灰度测试期间，吸引了众多合作伙伴的参与，包括简七理财、脉脉互联网精英圈、吴晓波读书圈、悦跑圈等上百个圈层。由此可见，圈层的商业价值或者说圈层经济的效应已初步显现。

阿里推出支付宝圈层产品，就是试图从社区圈子入手，打造一个实名社交生态圈。那么，它的前景如何？目前，支付宝有4亿~5亿的实名用户，可以为用户提供上千种公共服务和丰富的线下消费选择，这些资源都能够与圈层无缝对接，并可借助大数据算法为商家和用户创造丰富有效的精准服务。如母婴圈，运营方就可以根据用户特征，提供育婴知识、组织妈妈交流分享、召集线下活动等，对接商家提供相应的放心产品和服务，打破信息壁垒和信任障碍，令商家与用户形成更密切的纽带。可以预见，一旦支付宝的这种圈层经济步入良性循环，就会复制电商平台的成功，形成巨大的“滚雪球”效应，用户与运营方同步快速增长，进而带动其他交易行为，构建起丰富的社交生态系统。

◎ 圈层经济与磁力效应

《圈层商业》一书的作者刘逸春认为，圈层经济的重要特征就是“隔圈如隔山”，圈层里面的事情，已经如狂风暴雨一般猛烈，人尽皆知，但圈层之外的人，却并不太知道圈层里面真正发生了什么。而当圈层逐渐壮大的时候，会吸引更多人群的注意力。企业不可能让全社会的每个人都了解你，但是如果经营好自己的圈层口碑，通过圈层口碑的影响和传播，很多人就会对你产生认知和好感。

当你确定要做圈层经济后，就会形成强大的磁力效应。磁力效应是指强磁体在磁场作用下发生形变的现象，同时在外力作用下强磁体的磁性也会改变。小米手机从一开始，就从各个方面打造自己的这种磁力效应。圈层经济就是一种拥有磁力效应的商业模式，它会让企业和用户相互依存，你中有我，我中有你，共同促进，当企业圈层经济的磁力效应足够后，圈层经济就会变得无比强大，坚不可摧。

◎ 中小企业“小制造”——圈层经济的未来

圈层经济特征与磁力效应为中小企业提供了成功的机会。中小企业如果针对圈层实施“小制造”“小营销”，就一定会获得成功，而这种成功就是圈层经济的未来。为什么这么说呢？

在圈层经济时代，成功的企业往往是一些中等规模的企业。因为既然是小众化市场，它的需求量肯定是有限的，规模经济效益在小众化市场会被削弱，而满足不同小众化市场的需求，更多靠的是差异化产品，这就给中等规模的企业创造了机会。所以，小众化市场的出现就是中国中小企业时代的开端，中小企业可以抓住这个机会，针对中产阶层甚至是富裕阶层去开发产品。中小企业要想成功，就要通过圈层找到消费者并实施有针对性的制造和营销。我们不妨通过下面的例子来说明。

小虎队流行标志着中国第一次进入男士消费时代，当时他们举办一场万人演唱会，门票会在多长时间之内卖完呢？一个娱乐界的人说最慢大概 15 秒，最快 2 秒。这样的速度让很多人无法买到票，因为小虎队有几百万的粉丝，他们通过组织化的方式，在贴吧、部落、朋友圈就已经把票分割完了，再有钱也买不到票，而且他们也不需要你进到他的会场里，因为你不属于他们的阶层。这就是小众消费，或者叫小众经济。

小众消费意味着这样的商业机会：大部分的中小企业所服务的只是一个特定的人群，这个特定的人群会垂直打通。你只要服务这些人，只要在这个族群中形成你的品牌理念，就会变成一个非常小而美丽的优秀企业。在一个特定的族群和消费族群中打穿做透，为他们提供服务，这是中国现在消费社群最大的变化。也就是说，中小企业想要往圈层经济这样去做的话，必须用户在前，产品在后。用户在前的意思就是要先拥有一批忠实的用户，这一批用户肯定你给他们带来的价值，然后你再把产品卖给他们；同时让他们参与到产品的各个环节中去，让他们成为产品的参与者，到时候他们自然就会从内而外主动地传播。

现实中很多人不明白这个逻辑，我们看到的是相反的做法：大企业做的是中高档的，小企业做的是中低档的。这种玩法是不对的，将来一定会倒过来。因为中小企业更应该在某个方面做得比大企业好，否则就没有生存的空间，但这个好并不是全面的好，而是在某个方面针对目标客户的需求进行提升和强化，从而在某个非常窄的领域超越那些靠规模经济取胜的大企业。

世界经济正在进入“最诡异时刻”，以自明星、社群为单位的圈层经济体越来越多，未来必将是影响力和号召力之争，圈层经济中核心粉丝的瞬间联动是未来商业的“引力波”。而中小企业针对核心粉丝的“小制造”“小营销”，则意味着圈层经济的未来。

第二章

圈层经济的特点：被消费、圈层化、去中介

圈层经济有三个特点：快速被消费，圈层化明显，传播过程去中介。创业者想要往圈层经济去做，必须用户在前，产品在后，即先拥有某一圈层的消费者，然后针对这个消费群体研发产品，实施圈层营销，达到圈层消费的目标。

快速被消费，产品迭代周期很短

产品迭代周期很短是互联网造成的，产品通过互联网被快速地传播出去，形成一股流行元素。例如，周杰伦在网上晒出的一张与妻子昆凌的合影，图片上两人的头顶都有一个小草的发髻，结果满大街潮男潮女的头上都“长了一棵漂亮的小草”。这就是一种快速被消费的现象，一股瞬间形成的流行元素与商业的“完美结合”。其产品的迭代周期非常短，这样的一种流行元素会很快地被下一股潮流覆盖，或者说其原本自身存在的时间就不可能有多长。又或者说这是一种即时娱乐的产品，就像电影，看过一遍后，可能会看第二遍，但很少会想看第三遍。

◎ 什么是快速被消费

所谓被消费，是指在当今的社会环境下，产品的消费不是产品功能决定的消费，而是不自主地被社会舆论导向的消费。网红、影视明星等公众人物，以及女大学生等精英族群都在被消费之列。这些人相当于产品，通过互联网快速传播并形成流行元素，关注或崇拜他们某一圈层的特定群体对他们趋之若鹜，模仿、追逐，最终形成一种群体性消费现象。

从纯商业的角度讲，快速被消费是企业阶层与舆论合作通过控制宣传和媒体手段扩大自己利润的一种方式。由于人们对这种产品的消费形成了一股潮流，因而从某种意义上说对引领消费具有积极意义。

◎ 产品是如何快速迭代的

快速迭代首先是一种产品研发理念。在快速迭代理念支持下的产品研发是“上线→反馈→修改→上线”这样反复更新内容的过程，形式非常适合互联网产品或者移动端，通过收集数据或用户反馈迅速知道改进的结果，用快速迭代的方式可以立即在用户之间找到平衡点。

与快速迭代关系最密切的是敏捷管理。具体做法是：故事墙 + 每日晨会 + 规划游戏 + 时间盒 + 产品演示 + 迭代总结 + 自运转团体。在敏捷管理过程中，产品经理的角色扮演十分重要。在这个过程中，要做到培养团队的合作能力以及成员相互配合解决问题的成就感、信任感等。

产品快速迭代的实施有一定的前提：一是环境。周围的环境在快速变化，产品没有足够的时间来进行需求分析及相关测试。二是用户。用户不知道自己真正想要什么，产品需要通过迭代的方式进行试错。三是成本。一般情况下可迭代产品的成本都很低，并且可以快速地进行版本更新。

就产品快速迭代的流程而言，一般要经过立项、晨会、过程优化、质量管理、总结五个环节，如表 2－1 所示。

表 2－1　产品快速迭代流程

事项	内容
立项	传统的立项中更多的是走流程，项目负责人提出立项申请，项目组进行可行性讨论分析，然后召开大会进行立项评审，负责人根据评审结果进行相应的修改，最后再召开一次轰轰烈烈的项目启动会。而快速迭代的立项方式没这么复杂，基本上 10 分钟之内一页幻灯片就可以确定，一般会阐述这么几个问题：我们为什么要做这件事？有没有更重要的工作要做？项目完成的标准是什么？项目的风险点在哪里？只要项目组明确了这四个问题的答案，是否立项就可以一目了然
晨会	现在大部分互联网公司都有开晨会的制度，在快速迭代的产品管理模式下，晨会首先必须是站立式，以此保证会议的简短、高效，一般情况下团队的每个人都会逐一描述三大问题：昨天做了什么事情？今天要做哪些事情？在工作中遇到了什么问题？
过程优化	在产品快速迭代的过程中，有很多地方需要产品经理来进行主导优化，例如，思想优化，引导大家站在更高层、更客观的角度去寻找解决方案；团队沟通优化，时刻找机会把自己的想法准确地灌输到工程师的脑袋里，并且尽可能地在不动声色间解决他们心中的疑惑；流程优化，需求管理系统、BUG 管理系统、产品打包机制最好都是高度智能化的，从而可以让团队成员第一时间找到自己想要的信息；等等
质量管理	快速迭代所带来的弊端就是产品质量无法保证，因为时间有限，往往无法对产品的质量进行足够的测试，甚至有时候测试人员也是仅凭经验而为，因此产品经理要分析原因并采取相应的措施来解决。产品质量管理有许多方法和工具，这里不再赘述
总结	在产品上线后，通过数据来分析产品上线是否成功，并总结上一个迭代过程中所遇到的问题。快速迭代的团队人员一般不会很多，所以大家可以对出现的问题畅所欲言

在圈层经济时代，你是否已经了解产品如何进行快速迭代？你的产品是否可以快速迭代？

圈层化明显，是一群特定属性的人群组成的

在圈层经济时代，圈层化明显，圈层的划分方式也更加多元，高富帅、屌丝、中二、单反控、二次元……这些圈层都是由特定属性的人群组成的，每个圈层都有自己固定的消费符号，每个成员身属多个圈层，他们用消费什么、置身何种意象来证明自己是谁。

◎ 圈层化是如何形成的

所谓圈层化，是指围绕某一热点现象形成的一个个内核稳定、连接紧密的社群。圈层包括两个层面：一个是关系网具有层级特征的圈子；另一个是划定了区域的圈子。圈层化是社会发展中必然的特征，这其中会产生明显的多个阶层的分化，也会产生同一阶层的有机融合，同一类人群具有相似的生活形态、艺术品位，很自然就会产生更多的联系。无论是在国内还是国外，各个阶层的圈子都显得尤为重要，各行各业、各个阶层都有自己的圈子。

圈层化和圈层运动的最初表现是欧洲近代产生的“文化沙龙”。

17世纪，巴黎的名人（多半是名媛贵妇）常把法国上层人物的豪华会客厅变成著名的社交场所，在这里进出的是戏剧家、小说家、诗人、音乐家、画家、评论家、哲学家和政治家等，他们志趣相投，会聚一堂，一边呷着饮料欣赏着高雅的音乐，一边就共同感兴趣的各种问题抱膝长谈，无拘无束。19世纪是它的鼎盛时期，风靡于欧美各国文化界。后来，人们便把这种形式的聚会叫作“文化沙龙”，它是沙龙活动的一种，是指一些志趣相投的有一定身份地位的人，相聚在一起，针对自己感兴趣的文化、思想等方面的议题，相互探讨、交流的一种非正式的聚会活动。作为一种社会性的圈层，它的稳定性比今天营销性的圈层更强。

在移动互联网时代，圈层化显得更加明显。这里有一个较为突出的例子，就是围绕北京时代峰峻文化艺术发展有限公司推出的少年偶像组合所形成的圈层。对于1985年以前出生的人来说，有90%以上的人群不知道2012年有这样一个组合，但这个组合在当时却神奇地位居百度搜索排行榜第一名，而百度热搜榜的第一所带来的商业价值是巨大的。他们的演出消息一出，粉丝群就马上在讨论票如何分配的事了，如广东群、上海群、大妈群等各种各样的粉丝群早就把票统计了出来。当时这个组合的粉丝群主要有两大类，第一是萝莉，就是那些年龄在15岁左右的一群女孩，她们对这个组合非常“痴迷”。曾有报道说，武汉有一群学生用自己的压岁钱、零花钱包下一个地铁的广告位来帮他们宣传，可见对其是多么的爱。第二是中年妇女，这一部分人是把他们当作自己的儿子来看待的，很喜欢他们颜值高又多才多艺。由于萝莉和中年妇女们的喜爱和支持，围绕少年偶像组合形成了一个特定的圈层。当然，这方面的例子还有很多。

◎ 移动互联网时代的圈层化和部落化

移动互联网时代，大量的用户进入到了移动端，更趋差异化的用户购物习惯，以及在移动端内部各种平台的用户分流，逐步形成了用户“圈层化”和“部落化”的格局，用户与品牌的关系、用户的组织构成、用户的获取途径及方式等方面都在发生着颠覆性的变化。

什么是圈层化和部落化？意即具备相似特性的互联网用户聚合在某个他们共同喜好的网络平台上，形成一个个网络聚合体。它是网络社群的一种具体形态，其中：如分层一样形成的网络层级架构是圈层化；在层级架构里或者层级架构之外再形成如微信一样的闭合型社交圈子，则是部落化。

长期以来，传统企业对待用户的态度是粗放的，企业控制着一切，它们使用“推”的方式，重心在如何把产品和服务卖出去，而因此忽略了用户的感受。而随着互联网的不断发展包括移动互联网的不断崛起，我们迎来了O2M时代，用户从自身利益出发，开始掌控市场，以他们创造的社交网络为主阵地。这使得企业不得不把自己置身于与用户平行的一个位置，在这样的位置与用户进行对话，甚至加入到用户的组织中。

企业融入用户的圈子中就会发现，传统的用户是分散的，社交圈是小众的。而移动互联网下的圈子是交互的，用户之间会更易建立联系，同时社交圈在不断扩大。传统企业对待用户层级组织的观念和方法将会瓦解，并快速进入全新的移动用户组织生态。

未来必定是O2M时代的网络社群的天下，正如线下的一个个社区，在这个社群里，人与人之间会有各种虚拟或真实的关系，甚至会有不同的职能，乃至分工、职位、级别，他们共同维护社群的稳定，实现社群的正常运转。而经过长时间的发展，网络社群已逐步发展为社群经济。社群经济是粉丝经济的高级阶段，粉丝不一定会形成社群，但是在社群里的粉丝将会形成更大的聚合力，推动粉丝文化和企业品牌的更快速发展。

传播过程去中介，生产方与购买方直接连接

传播过程去中介是建立在快速被消费、圈层化明显这两点的基础上的，因为只有是这一特定属性的人群才会主动与生产方一致，消费者首先要认可生产方的价值并接受这一价值。例如，罗辑思维的罗振宇说大家是“爱”他才会掏钱来买他的商品，并不是他去忽悠大家来买的。这中间确实没有经过第三方广告公司等的宣传，是消费者与提供者直接在互联网上面对面的交流，产生交易。就好比海尔的定制冰箱一样，从冰箱生产的时候，消费者就参与了进去，传动马达、颜色、大小尺寸等都是可以为用户特别定制与选装的。

◎ 传播过程去中介

所谓传播过程去中介，是指没有经过媒体这个中介的宣传而形成的从内而外的自然主动传播。这里不妨来看看“冰桶挑战”风靡背后的圈层传播。

2014 年夏，美国掀起了一股“冰桶挑战”的潮流，社会各界名流纷纷以挑战的形式传递开来，呼吁公众关注 ALS（肌萎缩侧索硬化症）。冰桶挑战全称为“ALS 冰桶挑战赛”（ALS Ice Bucket Challenge），要求参与者把自己往头上倒桶冰水的视频上传，然后公开邀请你的朋友在 24 小时内做同样的事情。活动规定，被邀请者要么在 24 小时内接受挑战，要么就选择为对抗“肌萎缩侧索硬化症”捐出 100 美元。该活动旨在让更多的人知道被称为“渐冻人”的罕见疾病，同时也达到募款帮助治疗的目的。这个“ALS 冰桶挑战”在短短两周内已经风靡全美。连锁效应也产生了一些正面效应，从 7 月底到 8 月中旬，ALS 协会和全美的分会已经收到近 400 万美元的捐款，相较于 2013 年同期的 112 万美元增长了将近 3 倍。

2014 年炎热的夏天里，一桶冰水当头倒下，微软的比尔·盖茨、Facebook 的扎克伯格、亚马逊的贝索斯、苹果的库克等，全都不惜湿身入镜。这个热潮迅速蔓延到中国，一加手机创始人刘作虎成为国内首位“冰桶挑战”发起人，8 月 17 日下午在其微博上传了挑战冰桶视频，并向奇虎 360 CEO 周鸿祎、锤子科技 CEO 罗永浩、华为荣耀总裁刘江峰三位业界大腕发出邀请。小米董事长雷军 8 月 18 日下午通过微博表示，已经接受 DST 老板 Yuri 对他的邀请，并将于今天完成冰桶挑战。优酷董事长兼 CEO 古永锵也于土豆映像节上完成了冰桶挑战，同时他点名阿里巴巴董事长马云、光线传媒总裁王长田。

那么，冰桶挑战赛是如何引爆圈层传播的呢？把名人连锁效应和网络结合起来，再加上慈善的理由，就成了现在社交网络上疯传的“ALS 冰桶挑战”。无论是在 Facebook 上还是在 Twitter 上，从市井小民、娱乐界明星、政客甚至科技大佬，都可以看到大家牺牲形象地往自己头上倒桶冰水的画面。

那么，为什么这项挑战突然引发了这么多名人的兴趣？以往慈善机构设计募款活动时，不是募款晚会，就是慈善马拉松。对于那些平常忙得不得了的名人来说，要把自己的时间花在类似的慈善活动上，除非对自己有特别的意义，否则几乎不可能。而这个冰桶挑战就不同了，只要花上两分钟上传视频到社交网站就结束了。另外，如果你安安静静地捐钱给 ALS 协会而没有在社交媒体上大肆宣传，你的朋友会知道你是好人吗？不可否认，看到自己的朋友、平常意气风发的科技大佬们，或是光鲜亮丽的娱乐界大明星们，全身湿透的狼狈模样，还是挺具娱乐效果的。

◎ 消费者参与产品生产全过程

现在，服装工厂为个人单独定制一件西装，从生产线到消费者拿到货物，只需要花一个星期的时间。为什么这样快？因为服装工厂生产线的每个环节都做到了高度信息化，工厂可以和消费者直接对接（即传播过程去中介），这为消费者参与产品生产全过程提供了条件。

在圈层经济时代，每个人都可以展现出不同的自己。如上面的例子，当一件衣服能够被放在生产线上定制的时候，被改变的就不仅仅是一件服装了，消费者参与了这个过程，成为生产型消费者，生产者和消费者的关系被改变了。在参与过程中，消费者为了展现不同的自己，可以让工厂制作出自己需要的款式。

在圈层经济时代，企业做生意，不需要去讨好所有人，只需要照顾好特定圈层人群的喜好和需要，使得他们和企业产生人格级的互动，就能获得成功。在未来的商界，最完美的商业模式是，用户既是你的投资人，又是制造者和消费者，三体合一。如今已经开始有一些此类商业模式出现，如红领集团的个性化定制模式。

第三章 圈层经济的企业组织

在圈层经济模式下，企业组织形态再次升级，“小而美”成为企业组织形态的未来发展方向。例如，韩都衣舍的产品小组制，腾讯的微信独立小分队，海尔的雷神游戏笔记本独立小分队等，都是这方面的典型代表。

企业组织形态的不断迭代与个人的崛起

企业必须拥有不断迭代升级的组织形态，只要停止迭代升级，就意味着开始走向毁灭，这就是企业的宿命。经过企业组织形态的不断迭代，个性化组织必将崛起。

◎ 企业组织形态的不断迭代

早在工业经济时代，意图灵活适应市场的巨头企业们就有了转型的冲动。那些希望依然保留组织在规模经济上的优势，同时又希望能够快速感知市场的企业，一般会选择将组织推向“矩阵化”。这虽然保留了职能制的专业分工，但却用虚拟组织或虚线汇报等模式，以市场为中心增加了横向业务单元之间的联系，如强化针一般，对同一产品、同一分类客户、同一地区进行业务整合。

除了矩阵化的“保守疗法”，有的巨头也开始激进地打破并重塑组织，做法包括消除纵向边界（减少管理层级），增加横向沟通，让组织更加扁平化，增加一线的决策权。他们通过临时团队，跨越部门调集人力资源，完成各类复杂的任务。根据 Courtright 提供的数据，在 20 世纪 80 年代，财富 1000 企业中使用团队作为工作架构的企业仅占 20%。到了 90 年代，这个数字增加到了 50%，而在 21 世纪初，比例已经高达 80%。杰克·韦尔奇引领了这股潮流，他入主美国通用电气（GE）后，开始突破传统科层组织模式，将组织扁平化打造成“无边界组织”。无边界的组织模式再造了 GE，代表了工业经济时代的组织转型方向。

互联网时代则更加颠覆，组织开始“极致扁平化”，打掉指挥系统，并最终进化为提供支持的平台。维基工作站、分形组织、合弄制、企业 2.0……一个个“新组织模式”被冠以各种各样的炫酷名称出现在我们的视野中，这些概念都描述了企业日益平台化，并由员工变身创客与用户自由对接的组织模式。此时的企业，可以称为“极端无边界组织”，在这种组织模式中，顶层决策权已经消失，人人都是平等的，不需要边界来界定。这就好比是一个市场，对资源的获取都必须通过公平的交易来实现，而不是行政命令。

这些组织模式对于资源的配置，依然是基于传统信息技术，平台上资源配置的规则是双方达成“合意”，而创业者为了寻找最好的合作伙伴，四处寻觅，在这一过程中，碰运气的成分不占少数。只有更加自由，才更能激发创造力的个性化组织，适应不断变化的时代。

这里值得一提的是，社群也是一个圈层，并且同样是具有个性化的圈层。如果组织进行社群化的话，就必须要产生一个结果以表示其合法性，这个结果就是：资源会得到更加高效的配置。社群作为一种超文本组织，其实是在充分发挥企业平台非市场属性的另一面，即做资源的聚合平台。平台要承担小组运营的成本，标签过于密集，会导致资源浪费。这时候就要发挥平台管理者的角色，对标签的设置做出相对准确的判断，控制资源的浪费。概念可以发散，但是在聚集成社群的时候，要有一个自发筛选的机制，让社群的数量和质量可控。可以对社群进行分层，大社群之下有小社群，小社群之下有微社群，这样既能保证人人可参与，又能保证不造成过大的资源浪费。

◎ 圈层经济时代的个性化组织

市场是不断变化、前进的，而无数老板却想用一种方法经营企业三年甚至五年，其实这是不可能的，过去助你成功的方法，现在会成为你前进的障碍。在这方面，海尔的个性化组织“创客”最能代表个人的崛起。海尔的组织改造、小微化改革已经是名声在外。西方学者加里·哈默称赞道：“除了张瑞敏，目前还没有人能够让一个6万多人的大企业在互联网时代完成整体转型。”现在，海尔的改革依旧在深化。

分布式管理是企业获得快速成长的较好方式。张瑞敏相信分布式发展比中控式发展更能让海尔实现第二次高速成长。“小微”便是这种分布式组织的重要组织形态。

颠覆成网络化后，海尔没有了中层管理，只有三类人：一是平台主，平台主不是领导，是看平台上有多少创业公司，创业公司成功、成长与否，能冒出多少新的跨界创业公司。平台主的作用就是提供最合适的土壤、水分、养料。二是小微主，也就是小型创业公司，看能不能够自主找寻机会创业。三是创客，“所有的员工都应该是创客”。企业不再开工资，所有人都是自己在市场上创造价值（然后分享）。如此，企业就从原来制造产品的加速器变成了孵化创客的加速器，海尔内部叫作“共创共赢的生态圈”。

成为互联网的一个节点之后，海尔的定位就从“出产品”转为“出创客”，或者说，原来是制造产品的，现在是制造创客的；原来就看生产、出售多少产品，如500强就是看规模、比谁的产品卖得多，在互联网时代则要看能出来多少创客、能创造出多少新的东西。要把员工都“解放”出来，让他们可以自己成立企业，可以自主和互联网的资源连接到一起。

用“员工创客化”颠覆雇佣制为创业者、动态合伙人，这个理念来自于海尔内部常说的一句话——“每个人都是自己的CEO”。海尔内部有八个字“竞单上岗，按单聚散”，即一个项目的目标明确之后，不管是谁，只要有这个能力，都可以竞单上岗；在做的过程当中按单聚散，目标会不断提升，有的人会散掉，有的会再聚进来。聚散的一个基本原则是，一定要面向全球最好的资源。如果是分布式的，可以整合全球资源，是可以跨边界的，曾经能看得见的组织的边界就消失了。

为了让这些人做好，海尔“让渡三权”和实行“三自”。过去企业管理有一个“授权”，现在彻底放权——决策权、用人权、分配权，人、财、物三权都让渡给小微。所谓“三自”体系，就是自创业、自组织、自驱动。所谓“自创业”，即发现了市场机会就可以创业。自组织，即觉得谁合适就整合资源，不是他组织。而现在的传统组织差不多都是“他组织”，听命于人，自组织是自己创造。最后一个是自驱动。自驱动靠谁？靠市场，靠用户。同时，海尔还将原先组织中的财务、人力、法律等职能部门变成了两个平台——“共享平台”和“驱动平台”，驱动企业往前走。

海尔的创客是圈层经济时代个性化组织的代表，标志着个体生产力最大限度地解放，也意味着企业组织形态的未来。

小而美：企业组织形态的未来发展方向

随着互联网和大数据的普及，企业生产模式渐渐转为以客户需求为中心来定制产品。个性化定制意味着每个企业生产主体不能过大。与此相对应，企业团队建设也需要变革，从以往传统的标准单一的团队，转为类似 NBA 球队、更注重个体活力的团队。因此，未来“小而精”“小而美”将是企业组织形态的发展方向。

◎ 小而美的组织具有更强的企业活力

企业活力不足是传统企业在互联时代一个突出的弊病，由此导此传统企业在经营层面，无法跟上市场的最新变化和趋势；在管理层面，新老员工普遍受到抑制，干劲和思路都处于僵化的状态。小而美的企业组织则深层次解决了这个问题，具体地讲，是通过以下三方面大幅提升了企业活力，如表 3－1 所示。

表 3-1　小而美组织提升企业活力内容

事项	内容
市场的反应速度	管理大师彼得斯在《追求卓越的激情》中提出：你的决策权要交给那些操作机器和整理货架的人，竞争的激烈和创新的步伐意味着，企业再也不能像官僚组织那样慢悠悠地处理信息，漫不经心地答复客户的要求了。移动互联网时代，需要企业的每一个节点、每一项资源，开展直接连接市场的协作。 关于这一点，已经被先知先觉的企业感受到。早在 2009 年初，任正非就向华为全体员工发出了振聋发聩的呐喊："让听到炮声的人呼唤炮火！让一线直接决策！"而在最近的两年，快捷已经从战术层面发展为战略层面，形成了全新的"快时尚"产业一族。在服装领域，有 ZARA 和优衣库，它们做到了追随当季潮流，新品到店的速度奇快，橱窗陈列的变换频率奇快等；在小饰品领域，名创优品引起新一轮的关注，每七天就要上一批炫酷新款，如在自拍杆刚刚显现出流行的苗头时，名创优品就做到了店面上货，其速度比网店还快
企业内部的效率	据尤瓦尔·赫拉利所著的《人类简史》记载，人类在远古时期，任何一个村落只有 150 人左右，因为当时没有语言这样一个工具，一旦超过 150 人，就没有办法维系起来一个人群。对于企业来说同样如此，当一个企业规模越来越大时，内部的效率通常会快速降低很多。 2016 年底的在腾讯微信事业群年度大会上，张晓龙以过往实例阐述了自己对产品与管理的思考，再一次重申了"效率至上"的价值观。张小龙也提到了《人类简史》的这个观点，指出腾讯集团微信事业部就处在这样一个过渡阶段。他说："当我们人数超过 150 人的时候，我们的组织方式已经跟以前完全不一样了。我记得在南通的时候，包括这里很多从南通过来的同事，都会有很深的印象，觉得有一些反差。在南通的时候大家都在一层楼里面，每个人都是随便走几步就到另一个人座位上去了，要讨论问题随便找一个白板就开始讨论了，那个时候大家感觉有特别高的效率。但是，现在大家觉得要做一个沟通还要先做预约，或者先开一个视频会议等等，我担忧的是，我们作为一个上千人的组织，如果当成 10 个 150 人团队的话，我认为它会有非常高的创造力；如果当成整体 1500 人，我特别担心它在创造能力上会不会反而有一些衰退。就好像 2006 年腾讯邮箱到了非常危险的地步，公司放手一搏，成立了一个很小的团队——大概 10 个人的团队，有几个后台开发，有几个前端的人员，人员非常精简，跟我们微信起步时非常类似，人员精简到什么地步呢？除后台以外，我们这些人坐到一起也就 10 来个座位，大概 2 个 Web 的开发，3 个产品，2 个 UI，还有 1 个测试，他们组成了一个敏捷团队。实际上，就这么小的一个团队在后面几年里面做的事情远远超过了之前几十人的努力。"

续表

事项	内容
全员创新的氛围	小而美的企业组织，没有固定的中心点，每一位一线员工都有可能成为企业网络中的关键点。如何激发全体员工的创造性，让每一位员工都成为“高度灵活且足智多谋的个体”，让他们变得像老板一样积极主动和充满创意，帮助客户解决问题和创造价值，成为企业管理在移动互联时代的关键问题。 世界一流的战略大师加里·哈默曾说：“当我把海尔和谷歌、微软等公司放在一起比较，发现这些伟大公司最基本的创新单元都非常小，而且人数非常少，有利于灵活地去面对市场。”哈默对未来的组织提出过一个梦想，希望所有的组织都能持续自我更新，创新的电流传递到组织的各项活动中，各类公司充满激情与创造力，使每个人都能充分发挥才干。在这样的组织中，没有层级、没有领导，他认为“这正是互联网时代组织变革的方向”

◎ 企业组织变化的趋势——小而美

互联网发展过程中的1.0版本，基于传统的PC端；2.0版本，基于PC+移动手机和平板电脑（现阶段）；3.0版本，基于PC+移动终端+智能设备（或者叫物联网）。2.0版本和3.0版本对于企业组织的一个影响是，它可能会加速组织变小的过程。为什么这么说呢？

先看一下组织，它的一个特征是连接，如为了生产某个品牌的手机把以下这些职能部门连接在一起：工程研发、采购、物流仓储、质量管理、生产、营销、人事行政法务、财务、IT等等。在互联网不发达的时候，为了便于连接和合作，就需要把各个职能部门的人员聚集在一个特定的空间里如工厂，然后各司其职，如图3－1所示。

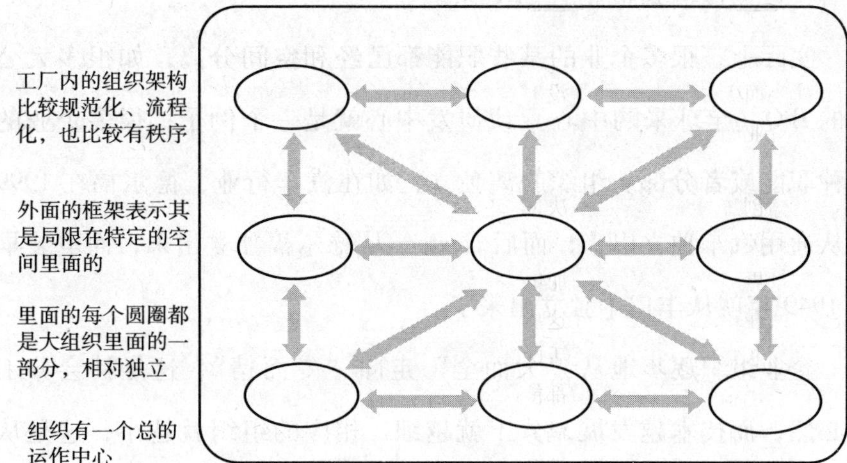

图 3－1　传统组织示意

在网络 1.0 时代，工厂的很多职能部门都能够分开独立地运作，但是因为带宽和技术的原因，分开进行独立运作的成本会比较高，比如说开会，如果组织不同地域的人员进行网络视频会议，成本还是比较高昂的，而且效果不一定好。但是在 3G 或 4G 时代，带宽扩容，成本降低，这种视频会议就很划算而且成本较低，通过移动终端如手机也能参加会议，非常方便。下面，我们再来看一下以下场景。

企业把生产线外包，那它怎么监控生产现场呢？很简单，安装监控设备，从总部实时视频监控，再派驻几个工程师，手持移动终端随时同总部云端进行数据交互。

仓储外包，财务人员需要进行盘点，怎么操作呢？传统的做法是财务人员实地核查，但通过物联网，财务人员在办公室发出指令，远在千里之外的仓库的传感设备就能对仓库的各个角落进行扫描，然后将数据传输到企业的 ERP 系统上。

实际上，很多企业的某些职能都已经和空间分离，如很多大公司的 IPO（全球采购中心）或研发中心就是一个例子；很多企业的某种职能或者分部从组织脱离独立，如在汽车行业，德尔福在 1999 年从通用汽车独立出来，而后 Nexteer 从德尔福独立出来，而电装早在 1949 年就从丰田中独立出来了。

企业组织逐步地从“大而全”走向“专而精”，这是社会分工的必然，而技术越发展，分工就越细，相应的组织就越小，这是从理论上来分析的。而在实践中，因为互联网的发展尤其是 2.0 版本、3.0 版本的发展，组织之间的连接越来越容易和方便，对空间距离的依赖程度越来越小。结果是，企业的各个职能模块都可以进行独立的运作，比如说生产外包、质检外包、仓储物流外包、IT 外包。至于外包的好处，以生产为例，在销售淡季，可以进行减产，减产只需减少对承包制造商的订单就可以，而不必花大成本来维持生产人员的工资，维护闲置的厂房设备；对于承包方来说，它可以同时为多个客户进行生产，充分利用人力、物力资源。实际上，有些企业已经开始这样来运作，只不过随着互联网 2.0 版本或 3.0 版本的深入发展，外包有可能成为常态。未来的组织关系是怎样的呢？如图 3－2 所示。

组织变小的另一个特征是人员减少，为什么呢？举个例子：外地分公司的网络通信系统出了问题，没办法通过网络或固定电话来沟通，如果在 10 年前，网络还不是那么发达的情况下，我们会通过手机进行沟通，让分公司的同事来检查问题，但他们不懂设备，也

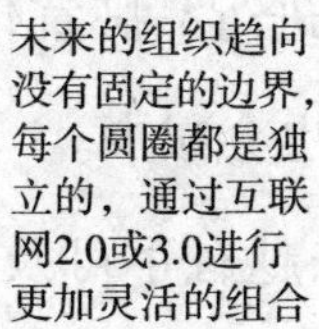

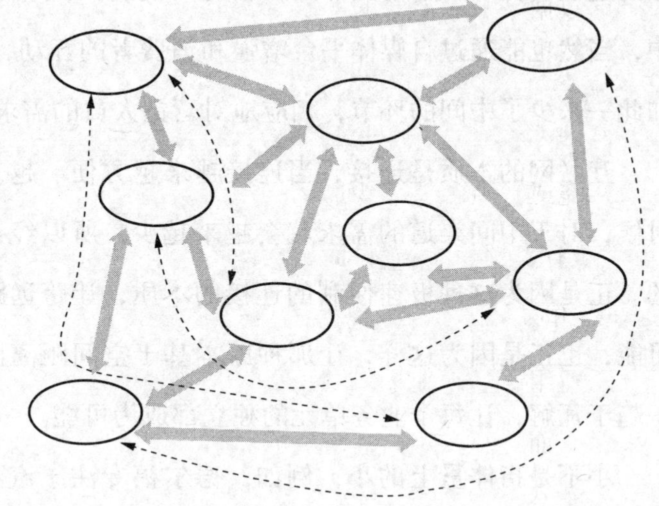

图3-2　未来组织关系示意

没办法描述IT设备的状态，所以有时候就需要设专门的IT人员进行日常维护。但是现在，那边的同事用手机拍个照片，用微信就可以传到总部这边来，由总部的IT同事判断设备的问题并指导分公司的同事来操作；如果网络是4G的，还可以通过视频由总部的同事实时观察设备的状况。

又如，以前重装电脑都需要通过硬盘，现在通过云端就可以实现电脑的重装，这样分公司就不需要设专门的IT维护人员了。在互联网1.0时代，很多企业都需要自建IT基础设施，也需要有专人维护这些基础设施。但在2.0或3.0时代，数据的存储、运用可以通过云端来完成，而不必依赖自身的基础设施，这样总部对于IT人员的需求也会减少。

另外一个例子是，传统的销售模式需要通过经销商，市场推广需要通过第三方媒体公司，但在互联网2.0、3.0时代企业通过自媒体的建设（如微信公众平台），就有可能将产品直接销售到用户手中，当然也能通过自媒体平台增强和消费者的互动，进行品牌宣传。如此一来少了中间的环节，相应地对营销人员的需求也会减少。

互联网的本质是连接，当连接越来越方便、越来越触手可及的时候，对于中间渠道的需求就会越来越少，所以经销商是趋于消亡的。正是因为这种极速便利的连接的本质，让跨远距离的合作成为可能；也正是因为这样，让那种原本基于空间距离而连接起来的组织趋于瓦解，让每个业务单元的独立都成为可能。

小不是指体量上的小，例如，德尔福专注于汽配零部件，一样能做到全球500强；一个小小的煎饼店也能卖出500万的年业绩。我们所指的小，它的实质是专注，找准并专注于你的细分领域，并在你的细分领域里面做到极致。

“小组织”化：韩都衣舍的产品小组制

企业在追求小组织化，以实现决策重心从上到下的转移。组织形态的改变在于决策权的下放，业务部门和决策层成为一线员工的资源支撑。企业一线员工与消费者快速互动，实现精准供给匹配。于是，组织形态开始变小，小组织能灵活贴近用户。韩都衣舍的产品小组制，正是基于公司最小的业务单元实现责任和权利的高度统一，企业将各小组的毛利率和库存周转率作为考核标准，这暗合日本“经营之圣”稻盛和夫所推崇的“阿米巴”组织模式。韩都衣舍独创的“以产品小组为核心的单品全程运营体系（IOSSP）”是企业利用互联网提升运营效率的一个成功案例，入选清华大学 MBA 和长江商学院、中欧商学院以及哈佛商学院 EMBA 教学案例库。

◎ 韩都衣舍小组制的进化史

韩都衣舍小组制的进化经历了以下三个时期——

小组制 1.0 时期：从买手到买手小组。

2007年之前，彼时的中国网络市场上，有成千上万的韩风女装在销售，要么是代购，要么是抄款，每个店铺也就几十款，大家做得都很一般。

2007年中旬，赵迎光接触到韩国最大的快时尚公司，通过交流发现，一般的公司是给生产商三、四款衣服，每款都生产上万件，而这家公司是直接给生产商700款衣服，具体生产哪些款式，由生产商决定。虽然款式多，但是单款订单量却少，少则数百件，多则上千件，卖得好再返单。赵迎光立刻决定尝试这种多款少量的模式。从韩国3000个服装品牌中挑选出1000个，分给40个人，每人每天从25个品牌的官方网站上挑出8件新品，这意味着每天有300多款新品。

在培养了买手一年之后，赵迎光决定从“代购商品”转为“代购款式”，“买手小组”雏形初现。他们像从前一样选出款式，进行样衣采购，然后打样，选料，在国内找工厂量产。后来，赵迎光开始实行买手小组竞争。但是，问题又出现了：库存谁来背？传统的企业是选款师与店长分开的，但在网络上，他们是可以合二为一的，所以赵迎光决定库存深度由设计师（选款师）来决定。

2009年4月，经过一年的买手培养，赵迎光抱着试试看的心理，给了买手2万元，让他自己决定生产件数、颜色、尺码，一旦盈利，公司和买手分成。几个月后，这种分成制度的优势开始显现，买手的积极性上来了，他们不仅可以找到韩国最新的时尚款式，还能通过找代工厂生产，从而降低成本，把控质量。

后来，赵迎光把设计师部、商品页面团队以及对接生产、管理订单的部门打散，每个部门抽出一个人，3 个人成立一个小组，总共 10 个小组。这样小组制模式就成形了，这一阶段的最主要目的是款数上量，减少选款风险，提高积极性。韩都衣舍也通过多款带来了更多的流量。

小组制 2.0 时期：内部资源市场化，大家都是“二老板”。

2011 年的时候，韩都衣舍有 70 个小组，小组一多，原来可以认为调配的资源就没法调了，例如，公司内部的推广资源如何调配？店铺的首页，放哪个小组的产品？在这种情况下，赵迎光索性给了每个小组更高的自治权，款式选择、定价、生产量、促销全都由小组自己决定，小组提成根据毛利率或者资金周转率来计算，因此毛利率和库存是每个小组最关注的两个指标。在韩都衣舍的淘宝店里，很少有统一的打折促销，而是每个小组根据自己商品的情况做出促销决策，以保证毛利率和资金周转率。

对于首页资源，他们有一个内部资源市场化的机制：成立 6 个月以上的小组，可以竞拍位置；成立 6 个月以内的，首页拿出专门的位置，让大家抢，谁手快谁抢到。

当然，在最重要的财权完全放开，每个小组的资金额度自由支配，而这个额度又与小组的销量直接挂钩，卖得越多，额度越大。在韩都衣舍，本月的资金额度是上个月销售额的 70%。例如，上个月有个小组卖了 500 万，500 万的 70% 是 350 万，那么这个月该小组就可以用 350 万再去下新的订单。

同时，在该模式下，每个小组都必须有很强的危机意识。假设一个小组是 5 万元起家，那么该小组一定不会把这 5 万元都用来下订单。因为如果卖不出去，就再没有使用额度了，小组必须开始卖库存。如果库存永远卖不出去，这个小组就永远没有额度，甚至会死掉。

死掉就“破产”“重组”。他们会对各个品类的小组进行竞争排名，排名前三位的会得到奖励，后三名的会被打散重组。这样，每个小组都是一个竞争因子，也几乎就是一个小公司。这种把公司做小的理念，稻盛和夫和张瑞敏都在尝试，而韩都衣舍则依托互联网的基因轻装上阵，走得更远。

这一阶段的使命是解决内部资源分配问题，也是韩都衣舍整个公司架构全面小组化的阶段。产品小组若是觉得之前对应的摄影小组不够好，那就换一个；若是觉得生产部小组协调得力，就会分配更多的任务，生产部就会有更多收入，也会更有动力。整个组织架构就像标准配件一样，可以自由对接，也确保了大多数人员的收入能够和市场挂钩。

小组制 3.0 时期：为了变态的售罄率。

2012—2013 年，韩都衣舍有 200 多个小组、7 个品牌，每年将近 2 万款新品。这个阶段最头疼的是供应链。产品质量参差不齐，库存把控不够准确。几万款产品，和生产环节对接的工作量太大了，已经不是凭借小组就可以跟几十家工厂很好地对接了，需要全局规划和单品精确管理。所以，小组制又进化了，他们创建了单品全流程运营体系，并成立了企划中心，用售罄率倒逼各个链条做到单款生命周期管理。

所谓单品运营，就是以单款来考虑的，如一款衣服从设计到销售，全部有数据进行把控。单款产品的运营模式，对每款产品赋予生命周期，都有专人精心维护，平均下来，每个月每个小组管理七八款衣服，例如，每款给什么位置，做什么搭配，冲击爆款能到什么程度，库存水平到什么状态需要打折。这样长期练下来，自然得心应手。

企划中心则根据历史数据，在年初的时候，再参考年度的波峰波谷节奏，制定目标，然后分解到各个小组，每个小组在月度、季度、年度都有细分的考核指标。企划部相当于韩都衣舍的“发改委”和数据中心，并且协调各小组之间的竞争。企划中心的节奏控制对于韩都衣舍的供应链至关重要，能够让生产部及其工厂提前预测下一步的进度，方便备料，数万款产品下单，没有节奏控制绝对不行。

现在韩都衣舍的售罄率能够达到95%，这在服装行业是很难做到的，尤其是能够在每年2万款新品的情况下。而韩都衣舍分销部的一位负责人认为，完成这个指标压力并不大。

韩都衣舍为了做到这一点，将产品分为爆、旺、平、滞，其中爆款和旺款可以返单，平款和滞款必须立即打折促销，而且要在旺销时间，稍一打折就售出，等到了季末，需要清仓的恶性库存就很少。这样一来，整个供应链反应更灵敏，品质也更易控制。当然，这个过程是一点点摸索和改进的，没有历史数据的积累，也做不到预测。

总的来说，小组制可以做到大的共性与小的个性结合，把所有非标准化的环节全部由小组来做，产品的选款、页面制作、打折促销都是非标准化的环节，标准化的环节指客服、市场推广、物流、市场、摄影等，通称叫公务部门。再加上人资部门、财务部门、行政部门等，就完成了韩都衣舍组织架构的三级管理。

这就是整个韩都衣舍小组制的进化史，每一步都面临着一个核心问题，为了解决一个个问题，他们是一步步被逼出来的，最终让整个公司组织完成了彻底的改造。

◎ 小组的发展与裂变

小组产生奖金之后，奖金由组长来分，第一名的小组拿了 1 万元的奖金，正常情况下组长会自己留 5000 元，其他两人各 2500 元。问题是，组长两年之后怎么办？两年之后一直拿 2500 元的组员就有问题出现了，他觉得他自己有本事了，也要买房子和奶粉，也想自己做组长。

于是，做得好的组员，就分出去了。做得最差的小组只有 2000 元，组长说自己不要了，其他两人一人 1000 元，因为和其他小组组员的收入对比，组长不好意思再拿钱。这样问题就来了，拿 1000 元的组员就想出去了，因为优秀的小组分出去了人，空出了位置，这样新的配对就成功了。这个时候，好的小组和不好的小组都分裂了。

差的小组组长被人抛弃了，他会不会被淘汰？基本上不会，因为韩都衣舍还有新进员工——新兵。带新人是很累的工作，大家都不愿意带新人，组长的工作就包括带新人，于是他又开始教育新人。新人不知道情况，只能跟着他干，直到感觉组长不行后，新人就又走了。所以，每个组长都是用“老师”来比喻的，最高水平的叫“大学老师”，中间的是“中学老师”，笨的就是“小学老师”，新人就是“小学生”。这个实战经验告诉我们：优秀的人会跟着优秀的人走。

◎ 小组模式的优化

韩都衣舍一开始是先放，然后收。随着公司逐渐发展，每3~5个小组构成一个大组；每3~5个大组，构成一个产品部。

每个小组相对专业化，如专门做牛仔、衬衫的小组就会慢慢专业化；也有小组夏天做牛仔裤，冬天可能去做披肩。这些专业化的小组就会形成大组。每一个单独的部门去覆盖全品类，这就导致部门内部开始合作，而大组主管和部门经理的奖金则从这里面来。

大组主管和部门经理是服务性管理，要放权，但如果经理说这几个小组的利益他不放心，他就要干涉，他就会说你这个衣服很烂，价格是不是定太高了，他就有了干涉的欲望，就没有服务了，他这只无形的手“服务”就开始想控制。于是，韩都衣舍设置了一个特别的职称：政委。

◎ 保持小组的积极性

做企业的人都知道，升职是有限的，职位没有那么多，加薪也是有限的。其实，每个员工在离职的时候，老板的心里都是流血的，很难受。

为什么小组里面有三个人呢？因为组长这样做事不只是为了自己，他下面有兄弟姐妹，他们要过好的生活，如此就必须为他们负责，如果他不站出来好好为他们说话，他就不是一个好组长。

以前，老板是员工的公敌，员工会在一起说老板的坏话，老板永远被骂，这符合人性。但是这种结构之后，老板是为你服务的，你需要我，我就冲出来；你不需要我，我就安静地站在旁边。在这种情况下，员工的活力来源于自己如何干得更好。

总的来说，韩都衣舍小组织背后依赖的是企业强大的IT系统、供应链系统以及管理体系的平台支撑，小组织获得充分授权，同时也提高了运营效率、降低了库存的风险。企业决策强调精准有效，而小组织无疑是复杂环境中的可行方法之一。

内部独立小团队：打造小而美组织的有效途径

当企业的主营业务处于低潮，或者是市场上出现新的机会时，这时候恰恰是企业打造小而美组织的契机。企业自我革命，甚至内部另起炉灶，往往能创造意想不到的奇迹。独立小团队的组织形式，可以充分发挥员工个体的价值，贴近用户，调动用户参与，等等。

在具体的操作上，可以把公司老业务部门和新团队划分为两个彼此独立的机构。这样就可以在公司的保护伞下，建立新业务部门，采用新模式。独立的机构未必要独立公司，重要的是独立的资源、流程、决策能力。这种方式已经有很多成功案例，腾讯的微信产品是独立小团队做出来的，海尔的雷神游戏笔记本电脑也是独立小分队做出来的。

◎ 微信团队：研究院、艺术中心、学校

2010 年 10 月，一款名为 Kik 的 APP 因上线 15 天就吸引了 100 万用户而引起业内的关注。Kik 是一款基于手机通讯录实现免费短信

聊天功能的应用软件。腾讯广州研发部的张小龙注意到了 Kik 的快速崛起。一天晚上，他在看 Kik 类的软件时，产生了一个想法：移动互联网将来会有一个新的 IM，而这种新的 IM 很可能会对 QQ 造成很大的威胁。想了一两个小时后，他给腾讯 CEO 马化腾写了封邮件，建议腾讯做这一块的东西。马化腾很快回复了邮件，表示了对这个建议的认同。张小龙随后向马化腾建议由广州研发部来承担这个项目的开发。“反正是研究性的，没有人知道未来会怎么样”，张小龙回忆说，“整个过程的起点就是一两个小时，突然搭错了一个神经，写了这个邮件，就开始了。”

2012 年 3 月 31 日上午 10 点钟，特别活动准时上线。只要登录 weixin. qq. com，用户就可以在屏幕上看到一个二维码。用微信扫描这个二维码，用户就可以知道自己是第几个注册微信的人了。对一名普通用户而言，整个活动的体验过程显得“有些神奇”，微信产品总监 Lake 将其形容为“隔空取物”。活动方案是微信团队成员们在凌晨三四点钟吃夜宵时想出来的，在凌晨讨论产品构想对这个团队而言并不稀奇。他们不想用抽奖发 iPad 的方式来庆祝，他们想“折腾”出一些新东西。此时距微信项目构想的提出还不到一年半的时间。

微信团队有一种面向产品的文化，成员们的共同目标是做出一个“专业”“用户喜爱”的优秀产品。“产品做好了，自然会吸引到用户。”微信团队高级产品经理 Genie 说，“如果想产品的时候很功利，做很多拉动策略，比如不经允许就加入通讯录好友，做很多推广，用户数肯定会上升，但这是短期的。功利会影响判断力，可能会去想很多歪路。”

在产品构思的过程中，成员们经常会在一起聊天。交流的氛围通常很随意，是比较轻松地喝咖啡聊天，没有谁是主导，类似于“头脑风暴”，很多情况都是无主题的，聊聊最近有什么想法、最近有什么好的产品、用户怎么反馈、哪一点还不足……在很轻松的环境下聊一聊往往能产生一些很有意思的想法……这种讨论有时会持续半小时至1小时，也试过9小时至10小时的，看情况而定。他们正在着手进行的企业微信的想法就是这样无意中“聊”出来的。有随意的聊天，也会有激烈的PK。在讨论到一个具体的产品方案时，大家会你一言我一语，抛出各种观点互相PK，想办法说服对方，有时会用数据或调研，有时则是靠直觉。没有谁的发言权最大，对的人发言权最大，每个人都不会担心自己说得很愚蠢，因为团队鼓励大家发表意见。

张小龙会把产品方案像“留作业”一样布置给微信的产品经理，每个人写好方案后，拿到一起PK。张小龙这样描述微信团队的氛围：“如果你想象这是一个研究院或者说艺术中心，甚至学校，更接近于这样的性质。做产品的应该追求对产品的理解越来越高，做技术的应该看自己在技术能力上能够越来越高，UI能不能成为国内UI行业的最高水平的一撮人。那怎么样你的水准越来越高？你是通过产品，做练习题，产品是大家的练习题，你必须通过每天做练习题来提升自己，这个我反而觉得最终其实变成一种自上而下的动力所在。我跟我们的同事也从来都是这么说的，说你们既然在这里，就要珍惜这样一个环境，把它当成课堂，大家是来学习练习的，这不是书本式的，这里有实战，你有什么想法提出来，得到同意还可以去验证，对于每个层面的同事都是这样的……最终真的就有可能会更像这是一个大家用来学习提升自己的地方、来锻炼的地方，并且又有衡量自己做得好不好的指标。”

微信团队有很强的紧迫感。“很难说跟谁赛跑，”微信中心负责人 Harvey 说，“应该是跟我们自己赛跑。这是个完全不确定的领域……因为不确定，大家都想提前推出。”在开发过程中，经常会出现需求快速变更，而大家对于加班并没有什么怨言，像一个创业团队一样，“没有时间点的”拼搏。当微信用户量逐渐增加时，大家觉得从零开始做成一个东西有创业的成就感。

微信产品总监 Lake 说：“张小龙是一个很有产品方向感的人，他指着一个山头说把它打下来，广研整个团队就一起往这个方向去做……开始的时候人很少，我们 10 来个人在两个月中完成了三个版本产品的发布，光这段时间我都觉得特别高调，和打仗一样……虽然蛮苦的，但是对我们来说只要有一点快乐我们就满足了，这种快乐可能是从其他物质奖励中得不到的。”

对于产品理念，团队认为做产品很有趣的一点是没有对和错，很多东西都是基于个人的理解，但整个团队有一些共同的价值观……在设计上认同的东西，是张小龙常说的简单、人性、自然。在相互 PK 的时候，微信团队的成员会从这个角度来彼此挑战。每次设计功能，大家都会相互挑战是不是最简单的方式，是不是最人性、最自然的交互方式。

这种理念的产生同张小龙有着很大的关系。他一而再、再而三地在实践过程中强调这些的时候，大家自然而然就接受了，而且这种接受也是在实践中得到甜头后的一种印证。从用户拿到产品到最终应用有一定的距离，每一个步骤都会损失很多用户，节点越少，损失的可能性越少，不必要的东西尽量不要存在。站在用户的角度上思考，是每个微信团队成员的必修课。“只有让用户互动起来，才能达到互联网的本质……很多时候群体的反应是无法预测的，有很多变数，这也是我觉得互联网很有魅力的地方。”张小龙如是说。

◎ 雷神笔记本：互联网风口“飞起来的猪”

“只要站在风口，猪也能飞起来”，走在互联网的风口浪尖上，成为那只“会飞的猪”一定是无数企业的梦想。在竞争日益激烈的环境下，互联网游戏本品牌雷神笔记本却越发显得如鱼得水，那么它是如何插上“互联网”翅膀的呢？

雷神笔记本从创立至今有接近两年的时间，当传统企业还在考虑如何转型时，雷神早已抓住契机，成为互联网思维模式下成功运作的代表。例如粉丝营销，早在雷神创立之初，就十分看重，雷神深谙“得粉丝者得天下”的道理，全方位深耕用户交互，为每一位用户答疑解惑，在京东上线之初就创下了500台被秒空的纪录，目前已经形成“粉丝管理粉丝”的良好模式，雷神还给粉丝起了一个霸气有爱的名字“雷疯”。

“雷疯”这一群体在雷神的发展过程中有着极强的参与感，雷神笔记本办过数场大大小小的粉丝会，上海Chinajoy、广州“小蛮腰”、北京3W咖啡馆里都曾留下雷神和粉丝亲密交互的身影，2014

年一周年庆典时雷神带着粉丝登上了广州塔，时刻让粉丝感受到雷神的重视与关爱，给粉丝荣耀感和归属感。

对一个游戏本品牌来说，除了重视用户交互，立足之本还是要做好产品。游戏本行业瞬息万变，雷神笔记本能在竞争激烈的环境中始终保持旺盛的生命力，与其快速更新迭代的产品密切相关。但是，没有创新就意味着被淘汰，雷神在保持产品更新速度的情况下，也不断开发新模具，专注研发彰显独特个性的潮流游戏本，经典911系列、明星产品钢版911M都是在与用户交互的基础上推出的个性私模本。G系列、P系列也在众多细节处进行了优化。雷神笔记本时刻以让每一位玩家都能拥有一台极致体验的游戏本为目标，立足“年轻，就是雷神”的品牌理念，死磕自己，成全玩家。

好的产品，不仅要“叫好”，还要“叫座”。产品上市来源于大量的粉丝交互，产品销量已有基础保障。但“酒香不怕巷子深”的时代已经过去，如何在此基础上更进一步，成了雷神思索的问题。鉴于此，雷神在2015年初成功参与了产品众筹与股权众筹，钢版911M创造了新的中国产品众筹纪录，成功投资过陌陌、锤子科技的紫辉创投买下雷神1000万股权；紧接着在《大圣归来》电影火了之后，雷神又一次抓住契机，开始了大圣定制版悟空本的众筹并再次取得了成功。树概念、定用户、立场景、想体验、讲故事、表情怀、引传播，雷神为行业众筹树立了全新的标杆，所以要成功的话，不仅要有过硬的产品，还要有敢玩的勇气。

雷神笔记本不仅敢玩，而且会玩，早在钢版911M众筹开始前，就上演过一部高富帅“油炸911”的大戏，一台黑色911M被扔进了油锅，引得众网友直呼画面太美不敢直视，土豪太任性，最终为钢版911M众筹奠定了话题基础。但雷神并不总是这么暴力，也有小清新的时候，2015年的情人节雷神精心制作了一部青春微电影《背包》，讲述了一个关于梦想与爱的故事。

目前，在京东、天猫、校园分期等渠道，雷神游戏本销量排名第一，成为互联网游戏笔记本第一品牌。雷神，只为游戏而生，在夯实游戏笔记本、专业游戏周边产品等硬件的基础上，雷神笔记本正发力游戏视频平台和游戏战队、电子竞技、游戏主播等文化领域，“互联网游戏产业第一品牌”的愿景正在慢慢变成现实。

平台化组织：资源和用户之间的双向交互平台

传统企业陷入了不做改变就无法进一步发展的窘境，以前为之自豪的职能化组织结构、标准化管理、工作分工等理念似乎全部掣肘企业的发展，平台化将为企业的发展带来勃勃生机，企业组织将成为资源和用户之间的双向交互平台。

◎ 著名平台化企业的组织形式及特点

企业要塑造良好生态，提供适宜环境，而员工（生物）不断地优化又促进生态的健康循环。平台化企业与员工的关系正如生态与物种之间的关系，既有依存与促进，也有淘汰与死亡，但正是这样的机制确保系统良性发展，有能力的员工施展个人才华，得到认可，系统不断优胜劣汰，去芜存菁，最终将平台进行立体的延展，形成一个覆盖所有机制的生态型企业，真正符合自然规律的发展。

平台化企业的发展愈演愈烈，现阶段已成功实施平台化的企业如表3－2所示，正在变革中的还有美的、苏宁等知名企业。

表 3－2 著名平台化企业的组织形式及特点

企业名称	组织形式	特点
小米	项目制	核心创始人→部门领导→员工，团队到一定规模就要拆分，变成项目制。除了7个创始人有职位，其他人都是工程师
海尔	人单合一	每个人都是自己的CEO，我的用户我创造，我的增值我分享
华为	项目化管理、铁三角	从中央集权式转向，让听得见炮声的人来呼唤炮火、少将下沉当连长
阿里巴巴	生态型	资源聚合（不搞人员调配，说服别人愿意跟你干）
乐视	织物化、网格化	全球合伙人制及全员激励计划，让每一位正式员工都有机会能拥有乐视生态股份
韩都衣舍	小组制	划小核算单元，责、权、利统一，小组成员之间可以自由组合
阿米巴	小集体	独立核算，划小经营单元，让每一位员工成为主角，全员参与经营

◎ 组织形态平台化转型的关键要素

我们已经进入互联网时代，互联网企业具有更加适合平台化，开放性、人人交互的特点，这些特点能够更快地渗入到“以人为本”的理念中去，相信正是外部这样的环境，给平台化企业的发展带来了发展的空间。但无论是互联网企业还是传统企业，要想组织形态平台化转型成功，都需注意表 3－3 所示的关键要素。

表3-3 组织形态平台化转型的关键要素

要素	含义
企业家的思想要跟上时代（老板想不想干）	企业老板有没有组织变革的思想，有没有与时俱进的境界，如果将传统管理思维，或者说旧时代的方法和思维延续到新时代，在思想上、观念上、关注度上没有进入互联网时代，缺乏互联网思维和创新能力，没有企业决策团队的支持，高管团队没有足够的危机意识，组织变革就难以开启。变革需要的是，老板们要从思想上、意识上、行动上保持一致，下决心、立恒心去变革，去打破平衡，统一组织变革的思想
组织文化氛围打造（员工愿不愿干）	要向员工不断弘扬与宣传组织变革，营造一个想干、敢干、要干的内部创业及变革氛围，尤其是“70后”“80后”及更年轻的员工，他们正处在一个伟大的互联网时代，具有年轻人干事业的机遇和优势。要倡导人人都能创造价值，人人都能自主决策，人人都能决定自己的收入。打破管理层级，一切围绕市场、围绕客户，团队成员自由组合经营及项目团队、成员之间相互协同，承担各自的任务和责任。领导以身作则，带头进团队干，以激发员工积极、主动地参与到组织变革和价值创造中去
利益共享机制（大家怎么干）	企业在合适的范围内给予团队及员工足够的权利和责任，小团队队长对单元的全部经营负责，企业合理地划分经营边界，制定科学的结算方式、完整快捷的结算步骤，做好后台保障机制，切实保证方案的操作与实施。团队及成员相互之间严格遵守各项规章，在授权体系内，用好个人的权利，施展个人能力，实现“责、权、利”的相对统一。承诺及利益及时兑现，把企业与员工的对立转变为合作，形成良性循环，实现共赢的结局

总之，企业由传统职能化组织模式向组织形态平台化模式演变是大势所趋，其目的只有一个：释放组织最小经营单元的最大潜力，使得员工人人都是小老板，个个都是决策者。

第四章

圈层经济的产品定位

每个圈子的成员都有他们相似或相同的爱好，也都有他们习惯使用的品牌和产品，这体现出圈子与产品的对应性特征。在互联网时代，圈子使用产品的差异已经不是价格问题，而是价值体现问题。

MSN VS QQ——商务圈 VS 生活圈

2005 年，QQ 已经成了大多数中国人的网络通信工具。2008 年，给人印象简洁、大气、有商务范的 MSN 成了商务网络通信第一工具，许多商务人士基于 MSN 形成了自己与 QQ 完全不同的圈子。2012 年底，当微软宣布将在 2013 年第一季度以 Skype 替代 MSN 的时候，这一举动在中国并没有引起多大的关注。当然，原因并不是在于此政策不包括中国区，而是因为那时基本上已经没有多少人在用 MSN 了。

◎ QQ：玩出现实生活中所不能

品牌定位是指企业在市场定位和产品定位的基础上，对特定的品牌在文化取向及个性差异上的商业性决策，它是建立一个与目标市场有关的品牌形象的过程和结果。

“QQ”就是以“玩”“聊天”为产品定位，通过即时通信等一系列通信方式打造情感沟通、娱乐放松、生活服务等一站式互动平台。消费群定位在16~30岁的年龄阶段人群。这个年龄段的人思维最活跃，最能接受新鲜事物，观念最超前并引领时尚潮流，是最“要玩”的一群人。同时，他们又处在当今人类生存发展激烈竞争环境的最前沿，不是忙碌于学业的学子，就是奋力拼搏于职场的职业人，学习和工作占据了他们的绝大部分时间。朋友稀缺、沟通倦怠、心灵困顿、娱乐单调成为这类人的通病和共识。而QQ则以操作的便捷性、休闲的新颖性成为他们释放心灵、休憩娱乐的空间和平台。在QQ的“王国”里，你可以抒发内心隐蔽的观点、思想、情感，实现现实生活中所不能。

QQ服务的核心价值和外延是通信、社交和平台，通过QQ可以发现自己的熟人从而加为好友，从而获得熟人关系的拓展；也可以通过QQ找到天南海北的陌生人，通过沟通逐渐认识、了解，从而获得新的人际关系。只要架起一根细细的网线，你就可以坐在属于自己的空间里，对着电脑屏幕和天南海北认识或不认识的朋友进行点对点实时交流，发送信息，互换礼物，畅游在虚拟的网络世界，不亦乐乎。这是绝妙的网络产品创意！

◎ MSN：错失互联网黄金期

MSN在定位上非常清晰，它相当于实行实名制，以熟人社交为主。MSN定位于白领人群，在MSN里聊天显得“高大上”，有趣的话题能够在聊天群里炸开锅，人人各抒己见，好不痛快。然而，MSN在推出15年后即退出了历史舞台。究其原因，概括起来有如下三点：

首先，MSN倚仗巨人微软。而惯于复制软件行业“赢家通吃”规则的微软，从来都以为自己在软件市场上的地位不可动摇，所以保持着一种傲慢的态度，不愿意随着互联网的飞速发展做出变革，而是坚持自身产品，坚持原有模式。例如，MSN注册烦琐，用户屡次反映，却始终得不到微软的认同。

其次，MSN没有利用好“白领”这一优质群体，并在此人群上下功夫做文章。微软对于用户的投诉反应很慢，致使用户满意度和黏度逐年下滑，问题不断出现，如备注名莫名消失、被盗号、无法传文件，甚至无法加好友，惹得白领人群怨声载道。

最后，微软在MSN本土化方面做得很不够，它们缺乏中国用户习惯使用的视频通话，离线发送、断点续传、截图功能、群组等功能表现得尤其水土不服，再加上糟糕的用户体验、脆弱的安全机制、泛滥的垃圾广告等，让越来越多的用户不得不离开MSN。即时通信市场本身竞争激烈，但MSN在产品、开发、运营、推广上发力却跟不上节奏。这源于微软对于即时通信的重视不够。“对于微软来讲，MSN在微软是一个边缘化非主流产品，MSN团队在微软内部能用到的资源很少，受重视程度也不够，微软白白错过了互联网的黄金10年。”一位著名业内人士从公司发展策略及用户的角度分析MSN走衰的原因时说。

总的来说，MSN本来有机会在商务通信领域成为与QQ并驾齐驱的通信工具，但最终它还是没落了。姗姗来迟就已经让它在与QQ的竞争中没有任何优势，更要命的是它患上了国外互联网公司进入中国的通病——失败的本土化。与QQ相比，MSN虽然简洁大气，但从功能与体验上来说其与QQ相去甚远，如在群的容量上，MSN群只有20人，而QQ群至少有100人。同时用过两种工具的人，虽然对MSN难以割舍，但最终却也不得不忍痛割爱。今天MSN已经成了许多人的记忆，很多人已经至少好几年没有打开过MSN了。

Google VS 百度——墙外圈 VS 墙内圈

2006 年 Google 正式进入中国，跟 MSN 一样，它姗姗来迟，但面对咄咄逼人的百度，Google 并非不堪一击。全球排名第一搜索引擎的品牌效应、干净的界面加上能够搜到墙外信息的优势，使 Google 在高端用户、商业用户以及墙外用户中形成了较强的口碑效应，以这些用户构成的圈子形成了不同于百度用户的圈子，Google 的中国市场占有率曾一度超过三成。试想，如果那时谷歌的服务稳定一些，本土化做得到位一些，也许它能够巩固阵地、迎头赶上，像苹果那样由高端用户渗透到中低端用户，但是历史没有如果。

◎ Google：迟钝的本土化

谷歌自 2006 年通过启用 google. cn 域名正式进入中国以来，经过近 4 年的发展，仅占据了中国总搜索量的 20% 左右，这与谷歌占全球总搜索份额 70% 的比例相去甚远。这表明，继日本、韩国之后，以往在欧美国家顺风顺水的谷歌再一次在东亚失利，谷歌在东亚的服务和推广与其在各国的主要竞争对手都存在着巨大的差距。

就谷歌中国而言，其本土化进程缓慢，不能适应中国的社会环境及大多数网民的使用习惯是其无法占据中国大部分搜索市场份额最主要的原因。当然，也正是由于其中国市场份额较低，其中国收益在其全球总收益中所占比例很小，促使谷歌能够根据其所宣称的其他一些原因来做出退出中国搜索市场的决定。

谷歌在东亚的命运再一次提醒跨国企业，要根据每个国家及地区用户的使用习惯和当地的社会情况来制定运营和产品开发策略。如果不尊重当地的实际情况，无论多么有名、技术多么先进的企业都必然会走向失败的境地。

◎ 百度：接地气的一连串举动

与 Google 迟钝的本土化行动相比，作为本土公司的百度做出了一系列接地气的举动，贴吧、知道、音乐等产品纷纷上线。在搜索引流方面，虽然竞价推广有点无下限，但却深受中小企业的喜爱。百度成功的本土化策略使其逐渐将 Google 甩在了身后。而 Google 另一个失败的重大原因是其服务器的不稳定性，Google 界面隔三岔五就打不开，这对于用户体验是致命的伤害，一旦打不开 Google，大部分用户只能转向它的竞争对手百度。于是，百度逐渐将 Google 中国的市场占有率一再压缩，到 Google 退出中国后的几年，Google 中国的市场份额已经长期在个位数徘徊了。当然，曾经 Google 的核心用户——高端用户、商业用户以及墙外用户形成的圈子也便被百度打破并收编。

总的来说，Google 不如百度的地方，是因为百度的人从上到下，黄皮肤的多，熟悉中国的生长环境，知道中国人需要什么。事实上，Google 自从正式进入中国的那一天起，就一直活在百度的阴影中。在 Google 进入中国前一年的 2005 年，百度在美国纳斯达克成功上市，同时在 alexa 排名中超越新浪，成为第一中文网，而百度 CEO 李彦宏则在同年荣获 2005 中国经济年度人物，百度在 2005 年可谓风头强劲。虽然 Google 中国的市场占有率曾超过 20% 左右，但百度一直牢牢将它摁在掌下，从未给它翻身的机会。

QQ 空间 VS 新浪微博——三线城市圈 VS 一线城市圈

QQ 空间作为中国最早的社交网络之一，伴随着许多人从少年时代走向青年时代，成为朋友之间交流必不可少的纽带之一。新浪微博也凭借独特的气质打造出了属于自己的圈子。QQ 空间与新浪微博形成的三线城市圈和一线城市圈虽有交叉，但二者互不影响，因而这两个圈子并非是你死我活的关系，而是共生共存、互不侵犯的关系。

◎ QQ 空间：熟人之间的强关系

人人网、开心网、微博曾经呼啸而来又呼啸而去，虽然它们曾叱咤一时，但最终却不免落入活跃度降低的怪圈。然而这么多年来，从没有人说过 QQ 空间活跃度降低，学生在空间上传他们的毕业照，新婚夫妇在空间上传他们的结婚照，新妈妈在空间上传他们的宝宝照，甚至步入中年的人也在空间上传他们的旅游照。当你在空间更新状态后，永远不要担心自言自语的尴尬，一定会有朋友前来留言评论。

QQ 空间如此成功，与其基于 QQ 这个通信工具形成的庞大体系有着密不可分的关系，许多开通 QQ 空间的人是因为在使用 QQ 过程中被引导开通的（就像现在 360 引导用户安装 360 浏览器一样）。基于 QQ 庞大的体系，QQ 空间形成了同学、好朋友之间的强关系圈子，QQ 空间中的好友，很多虽然分隔两地，但当过年回家时总还是要一聚叙旧。时至今日，QQ 空间在三线以下城市依然魅力非凡，但与生活闲适的三线城市相比，生活、工作压力都更大的一线城市用户已经没有那么多的精力去更新自己 QQ 空间的说说和相册了。

◎ 新浪微博：单方关注的弱关系

与 QQ 空间相比，新浪微博诞生较晚，由于其在推广期间利用新浪庞大的媒体关系招揽大批娱乐界、体育界、文艺界等各界明星、名人入驻，因而自一开始便形成了与 QQ 空间完全不同的气质。又由于新浪微博用户之间的关系可以是单向的，而非 QQ 空间那样双向，因而新浪微博对大多数用户来说是一种弱关系，即单方关注的关系。

至于圈子，新浪微博用户之间形成的是基于同一类职业、兴趣或媒体的圈子，他们之间可能算不上朋友，但常因为讨论、关注一个行业或一个领域的问题而形成圈子。这个圈子与 QQ 空间基于朋友关系以生活为主题的关系差异较大。

Evernote VS 有道云笔记——中产圈 VS 屌丝圈

Evernote 对苹果设备的支持力度要好于安卓，而有道云笔记对安卓设备的支持力度要好于苹果。从这点来看，Evernote 的用户大部分是基于中产的圈子，而有道云笔记大部分是基于屌丝的圈子。

◎ Evernote：本土化“在路上”

Evernote 定位为大众普及型软件产品，但周边设备如笔记本、扫描仪、包等定价却走的是高端路线，严重阻碍了 Evernote 生态系统的建设及本土化进程。事实上，Evernote 在中国本土化不利的地方体现在很多方面，如没有社会化分享、高额的收费以及复杂的功能等。Evernote 这样做弊端固然很大，但利处也不容忽视。先说高额的收费，在 Evernote 上，用户只有 60MB 的免费空间，许多用户反映多上传几张大图空间就没了，但是对一般用户来说，60MB 的空间是基本够用的，且其使用体验也是比较不错的。对于用惯了 Evernote 的用户特别是中产用户来说，因为 Evernote 带来的一贯良好体验，所以他们是不太介意每月花30元钱来付费的。

Evernote的功能复杂，如圈点、食记、人脉等，虽然大部分用户用不着，但当你看到它们的时候，是不是感到一种高高的格调？格调这东西虽然有点虚，但确实是中产以上用户比较看重的一种感觉。因为Evernote的国际品牌背书、较好的用户体验以及高格调的感觉，使它在中国的中产圈有着较好的口碑和使用率。

如果Evernote的本土化成功，并能提供更好的服务和体验，那么它可能形成与有道云笔记不同的圈子，否则，形势不容乐观。

◎ 有道云笔记：更符合国人的使用习惯

与Evernote不同的是，有道云笔记的定位是针对笔记本的初级用户，这类用户追求的是操作简单，能够快速上手，大多数笔记内容以文字为主。

有道云笔记的初始免费空间是2G，并且免费空间还会随着在线时长不断增长，几乎对所有人来说空间都够用。它在界面上不可思议的简洁，使用方法相对Evernote来说也更加简单。使用有道云笔记，轻松同步、管理各终端的所有笔记。很多网易产品都可以把内容保存到有道云笔记，另外微博和微信的内容在绑定账号后也可以永久保存。因为更符合国人的使用习惯，有道云笔记在发布两周年的时候用户已突破1500万。

微信 VS 陌陌——熟人圈 VS 生人圈

微信诞生于 2011 年初，在一大波即时通信工具中，微信很快占据了上风，并且以令人惊奇的速度迅速增长，很快就将几乎所有的同类工具甩在了身后。

◎ 微信：通信、社交、平台出色地演绎熟人圈

微信在通信、社交、平台三个方面演绎得都很出色，从而为人们打造了一个自己的熟人圈。特别是在最核心的通信价值层面创造性地解决了 QQ 的历史问题，更是超越了手机 QQ。

在通信方面，作为通信工具，微信提前做了原本手机 QQ 可以做得更好的事情。从“联系效率”来看，微信更优秀，它的“可达预期”超越了 QQ；微信营造的异步通信预期，更符合移动环境下的碎片化场景；微信没有在线状态，只要手机开着，就能通过“push”机制像短信一样收到信息；在微信中看到的每一个联系人，都可以给他发消息，并预期对方一般会收到；微信简洁工具化的交互风格

和形象给用户暗示它是和系统一体并超越系统本身的 SMS 系统的，在系统和流量资源消耗上可消除用户的顾虑。从“通信能力”来看，微信充分发挥智能手机功能，不断创造和追逐热点，形成一波波的口碑。

在社交方面，一是拓展和形成关系链。微信的关系链有一部分是从 QQ 好友中演绎过来的，有一些是从现实中搬到线上形成的；同时，微信后来的 LBS 交友、摇一摇、漂流瓶等基于线上的关系链延伸能力，也是充分发挥了移动终端的核心优势。和通信能力一样，摇一摇和漂流瓶都是产品发展过程中的促进剂，是引爆口碑快速壮大的核心要素，后来也成为很多交友软件的标配。二是维系和经营关系链。如同 QQ 空间一样，微信后来有了朋友圈，而且抓住了移动场景的特色延续简洁风格，只聚焦在图片。这也成为一个新的口碑点，对关系链的活跃意义重大。

在平台方面，微信没有走弯路，一开始就具有平台化的业务和技术架构。就好像一个高手解答数学题一样，它一开始就逻辑严密，稳步推进；它一开始就有精准的核心用户视图——会话，并且有插件化的结构。

微信的成功与其存在多年的 QQ 体系有着密不可分的关系，许多人的微信好友便来自 QQ。在微信发展前期，你可以将微信看作是移动版的 QQ，将朋友圈看作是移动版的 QQ 空间。等到微信将手机号绑定后，它的用户已经逐渐形成同学、朋友、同事之间的强关系圈子。

◎ 陌陌：基于“陌生人”概念形成的圈子

陌陌的定位是陌生人交友，和微信形成了差异化竞争。城市人因为朋友少、厌倦了混凝土的社区化生活，有强烈的交友需求，陌陌紧紧抓住了这一需求，并且能满足人类与生俱来的追求新鲜感、新奇感的本性，这或许是陌陌能走到今天并且不断壮大的关键所在。陌陌运营总监王力在《陌陌怎么在一年内运营出千万用户》一文中曾说：“我们就是要挖掘地理位置的最大价值，这里面有很多可以挖掘，也确实可以改变很多东西。其实好多 LBS 产品一开始就方向错了，签到什么的，这跟小狗撒尿似的有什么意义呢？谁关心你去哪儿了？但把 LBS 放在一个社交、本土化的位置去看的话，它就变成了线上关系到线下关系的转换契机。”

对于整个市场来说，陌陌有它的独到之处，但如果一直被标签化，陌陌的用户规模继续增长将会受到很大的局限。事实上，许多安装了微信的人，并不介意同时安装陌陌，需要联系熟人的时候，他们会打开微信，无聊、想与陌生人约会的时候，他们会打开陌陌。陌陌的用户基于“陌生人”这个概念形成了与微信不同的圈子。

第五章
圈层经济的圈层营销

圈层营销的实质是同一圈子里的人际传播营销，它正在成为未来高端市场的主要营销手段之一。做好圈层营销，首先要明确联动、产品、整合这三个操作要素，在实施过程中，必须找准圈子、找到意见领袖、挖掘专属渠道、激发高品质活动品牌效应等。

圈层营销操作三要素：联动、产品、整合

圈层营销不仅要让有影响力的客户自己购买，还要让这些有影响力的客户影响他们身边的人，从而实现圈层最大化，最终扩大精准有效的购买群体，达到引导成交及控制市场的目的。要实现这个目的，就必须把握圈层营销操作中的三个要素：联动、产品、整合。

◎“圈层”内外必须联动

圈层可分为内圈层与外圈层，而要通过圈层营销实现项目的营销成长，就必须内外联动。圈层营销的目标客群在内圈层，价值构造也是围绕内圈层来进行的，但是精神层面的附加值形成很大部分是在外圈层完成的。在一个项目的产品足够出色的前提下，产品力之外的溢价形成一是靠前期战略定位，二是靠市场形象动态提升。外圈层尽管并非目标客群，但是他们的口碑相传会提升内圈层目标客户的心理价值，提升其购买动机。所以，在营销中，对于外圈层有什么样的营销安排，应该也有一定的考虑。

例如，地产行业的中信凯旋城并非景观之地，但在“荒地造城”的过程中，却逐渐成了一处城市风景，经常有很多青年人会选择到这里拍婚纱照。对于客户来说，这不能不说是一种荣耀。

◎ 为目标圈层提供最适合的产品

圈层营销应该延伸到产品价值构造阶段，准确地说也就是项目规划设计阶段，它应该协助完成价值构造，能够为目标圈层提供最适合其需求的产品。这中间还有很多值得研究的关系与方法。对于房地产来说，产品是战略问题，而战略是制胜的关键。

所以，圈层研究应该与项目定位工作同步，甚至提前展开，是否有新的社会性圈层正在这个城市中形成，他们和旧有的其他圈层有什么不一样的价值取向，什么产品是他们需要的，都可以反映在产品设计上。

◎ 圈层营销方法的整合

圈层营销的方法应该更趋于整合，而不是单一的活动。圈层营销操作过于简单化的原因，一是过于强调销售导向，只注重目标客户购买意向的锁定，往往活动的真正主题就是项目销售；二是对于自身面向的圈层缺乏深入的研究，或者说这种研究建立在“想当然”的基础上。

圈层营销的方法只有更趋向于整合，手段与资源更丰富，周期更长久，真正从引导客户需求的角度去发现契机，才能形成圈层的自我扩容、逐步升级和再复制能力，从而积累更多的忠诚客户。

准确划圈子：产品定位＋细分人群

虽然同为高端消费人群阶层，但他们之间的差别很大，生活习惯、爱好，以及在生活态度、生活方式等方面有很大的差异，只有了解这些差异，才能进而了解每一阶段不同圈层的独特的生活模式和心理需求。下面，我们就来看一个案例。

2017 年春天，燕窝品牌燕之屋巧设玄机、步步深入，通过一个独到的洞察与一系列营销组合拳，使一款好孕碗燕打入了孕妈圈层。

第一步：精准洞察，明星娱乐营销掀起孕妈宣言新浪潮。

素颜、衣着宽松、小腹微隆……2017 年 2 月，“国民二姐”张歆艺备孕事件在微博上掀起了一股小浪潮。正在大家纷纷发出祝福的时候，老公袁弘发布微博以正视听，只是“吃完大餐胖三斤”。同时，张歆艺微博 PO 出了朋友送的一大箱碗燕：“好东西大家要共同分享，被怀孕的感觉也挺好哒。”

“国民二姐”张歆艺备孕事件引起了网友和粉丝的广泛关注，在以关键意见领袖为核心的二次传播下，燕之屋以一则创意海报为发声的起点，开启了携手聚划算的大牌日活动。

“他们说S型，是女人之美；我说D型，才是我的骄傲曲线。”燕之屋官方推出的一则孕妈宣言创意海报，道出了无数准妈妈的心声。怀孕、生孩子是女人一生中的大事，是一件令女人无比自豪的事情，因为有了女人的付出，生命才得以延续。

兴奋、悸动，当第一次感受到腹中生命的律动时，突然感到了生命的存在与奇妙，这是大多数孕妈第一次怀孕时所经历的心理感受。燕之屋准确把握了消费者的心理洞察，以一则海报传达了新一代“90后”孕妈的自信与勇敢，以及孕育生命的别样美丽。

瞄准“90后”孕妈细分市场，燕之屋以独到的洞察、新颖的形式，在与明星张歆艺的合作下，携手聚划算，帮助燕之屋打造了一款明星也在吃的好孕碗燕。

第二步：孕妈大咖助阵，百辆专车四城联动好孕有礼。

妈妈的伟大在于孕育生命的过程，“如果岁月不能慢一点，至少见你可以快一点……”走心的文案背后是对消费人群的独到洞察。在完成第一期的广告推广后，燕之屋趁热打铁，推出了一则让孕妈们看了想哭的视频。这则燕之屋孕妈勇气篇视频《不可辜负的勇气》被优酷收录到原创热点频道首页。微博话题“不可辜负的勇气”冲上热门话题榜第四名，阅读量高达208.7万。

在线下，燕之屋为了打造用户体验，为品牌与受众创造新的连接触点，针对共同的细分市场与受众，携手神州孕妈专车，共同打造了“北杭广深”四城百辆好孕专车跨界活动，消费者只要乘坐神州孕妈专车，就有机会在车上体验燕之屋好孕款碗燕。

好孕专车活动期间，邀请知名母婴自媒体红人伊姐体验专车活动，在伊姐的自媒体平台，引起了孕妈圈的积极互动，活动微信累计阅读量突破 10 万 +，同期燕之屋官方商城点击量达到了 90809 人次。

第三步：精英粉丝分享会，口碑深化与升华。

品牌背后是文化，在商品背后赋予感情。精品燕窝品类对应的消费者是精致新女性，这类女性有着不同的身份，有职场女强人，有自媒体达人，以及有着新思想与生活态度的“90 后”女性。但是这类女性有着同样的特质，就是对生活独到的思考和理解、对生活理念与自我价值的极致追求。

燕之屋对产品质量专业与匠心的极致追求，正是当下精英女性生活态度的真实写照。2017 年 4 月 11 日，燕之屋再次邀请伊姐在线下门店举办了精英粉丝分享会，伊姐与粉丝们现场品鉴燕窝，分享了自己的职场心得、生活态度、对女性自身的理解和定位等。通过举办线下分享会，使燕之屋的品牌价值观与消费者的文化理念相融合，提升了消费者的品牌忠诚度。

统观燕之屋春季的营销组合拳，我们可以看到，通过独到的洞察与细分市场定位，品牌的力量正在使燕窝行业焕发出勃勃生机，赋予它新的精神文化内涵。

燕之屋案例告诉我们：要针对特定阶段的特定客户群，进行有目的的营销活动，就必须把握产品定位与细分市场两个关键要素。

◎ 产品定位：为圈层提供所需的产品和服务

圈层营销，就是针对小圈子进行点对点的营销，也可以叫作精准营销。因此在高端产品定位上，品牌所找到的圈层必须和高端产品的定位相一致，即要能为圈层提供他们所需要的高端产品和服务。在高端产品设计初期就应该研究目标圈层的特性：艺术品位、消费习惯、兴趣爱好和价值观等。

小米手机在营销前期，主打“发烧友”这个圈层，而这个圈层主要定位的群体就是学生、刚刚进入社会的年轻人等，消费水平不是特别高，但是对手机硬件有一定的要求和见解。小米在之后的营销策略上也是围绕这些人群，例如，在品牌建立初期就设立论坛等与用户交流的平台，让用户有参与感；大力推广手机跑分概念，加深手机性价比的概念；投资手机评测平台让用户了解手机设备，灌输消费者大品牌手机的硬件和小米的硬件差别不大；等等。这些都是围绕自己“目标圈子”的消费、价值习惯而做，以增加他们的谈资。

◎ 细分市场：细分不同群体，定位目标人群

从高端消费者本身出发，依据他们购买高端产品的动机、消费心理、消费习惯、兴趣爱好、购买行为等，在多元性的人群中将他们的生活形态区分开来，包括出行习惯、休闲方式等，从细节上寻找目标高端消费人群。细分成不同的群体，寻找高端产品所定位的目标人群，这就是细分原则。

寻找圈中领袖：利用意见领袖制定营销策略

每一个圈层中总会有影响其行业发展、具有深远意义的重量级人物，并且在其圈层有着良好的口碑，知名度高。这些重量级人物的意见和建议，对其圈层客户群有着不可估量的影响，他们具有很强的号召力，一举一动、一言一行往往具有“领头羊”（意见领袖）的作用。利用意见领袖制定营销策略，有纲举目张之效。下面，我们来看一个案例。

2012 年 3—4 月，万科溪院连办三场圈层活动：“溪院老友酒会”“法国大厨家乡味道私人宴会”“禅庭 SPA 溪院私享沙龙”。三个圈层活动现场共到访 55 组客户，8 组现场看房客户，6 组购房意向客户。三场活动取得了“叫好又叫座”的效果。

万科溪院深度分析客户，将其分类，根据他们的看重点针对性举办圈层活动，有效整合客户资源、精准地锁定客户人群，并且有意识地将中户客户引导至端户，最终刺激成交。在整个活动中，最核心的关键点是借力圈层领袖。每一个圈层都要有一个意见领袖，他能让大家聚集，能在圈层中有大的影响力和号召力。找到客户群体意见领袖，由群体意见领袖号召，为客户量身定制圈层文化活动，用品位化、情调化的溪院生活打动他们，让他们再次认可溪院，促进成交。

◎ 圈中意见领袖及其作用

在互联网条件下，网络意见领袖是一个客观存在。在圈子中，他们是“活跃分子”，经常为他人提供信息，同时对他人施加影响。他们在大众传播效果的形成过程中起着重要的中介或过滤的作用，由他们将信息扩散给受众，形成信息传递的两级传播。

圈子中意见领袖的作用既有积极的一面也有消极的一面，因此做圈层营销必须看清楚。圈中意见领袖的作用具体体现在表 5 - 1 所示的几个方面。

表 5 - 1　圈中意见领袖的作用

事项	内容
加工与解释	意见领袖行为的研究表明，他们不仅发出信息和影响，而且自己也积极摄入信息和影响。但是，意见领袖的首要任务是对先行接收到的大量信息进行加工与解释，而后以微型传播（如面对面交谈）的方式传达给其他受众或追随者。他们经常运用的加工与解释方法有生发引申、添枝加叶、客观复述、裁减回避、歪曲攻击等。对信息如何解释？加工到什么程度？选用何种方法？这取决于外在信息与意见领袖的认知结构、价值观念，个人利益和文化模式相接近或相背离的程度，取决于意见领袖的选择性注意、选择性理解、选择性记忆这三道防卫圈的严密程度

续表

事项	内容
扩散与传播	大众传播的信息，并非能全数直达阅听人之处，有时候它只能到达它所欲传播对象的一部分，再由一部分人把信息传给他们周围——最普遍的大众。意见领袖就是对信息加工后予以再传播和再扩散的这一部分人。当然，他们不仅对传播中的有意义信息予以再传播，对人际传播中的小道消息和流言蜚语往往也有兴趣进行再扩散。意见领袖对信息的再扩散和再传播是无报酬的义务性的，有时甚至是令人厌恶的，但是他们自己却十分乐意这样做
支配与引导	意见领袖对自己先期接收到的信息进行加工与阐释、扩散与传播，正是为了释放其对追随者或被影响者的态度和行为起支配、引导的作用。传播学认为，具有不同威望的意见领袖发挥支配、引导作用的情形也不同：威望程度中等的意见领袖旨在引导人们形成和谐的人际关系；而威望程度极高的意见领袖旨在引导人们解决信息传播中的重要问题。但是，意见领袖最主要的效能，乃是对面临信息轰炸、思想灌输的无主见、存依赖的受传者在表明态度、采取行动、解脱矛盾时予以指点和调节。有时，意见领袖的意见不仅影响这些人说什么、看什么、做什么和想什么，而且还支配他们怎么说、怎么看、怎么做和怎么想。意见领袖的追随者或被影响者的社会地位越低、面临的信息越多，处理信息的能力越差，就愈加没有主见和自信心，也就越容易接受意见领袖的咨询和参谋，他们甚至希望凡遇事都能有人主动上门来帮他们出谋划策，权衡利害，拿定主意
协调或干扰	意见领袖对传播者的传播还具有协调或干扰的作用。如果传播者传递的是符合意见领袖及其团体成员需要的或者是可以为其接受的观点和主张，那么意见领袖就会俯首听命，协调操作，成为大众传播中引起良好效果的动力。相反，如果传播者输出的信息违背或损害了意见领袖及其团体的利益，观点不能为其所接受，那么他就可能设障阻滞或施技干扰，也可能对信息只做出合意的加工和解释，或者干脆进行指责和攻击

可见，意见领袖的中介作用是多方面、多层次、很复杂的；其

影响力可能是巨大的，也可能是微弱的；其性质可能是积极的、进步的，也可能是消极的、破坏性的。圈层营销的任务就是正确认识、估价他们，进而合理地利用他们。

◎ 利用意见领袖制定营销策略

意见领袖的重要性在不同的产品、不同的目标市场上存在很大的区别。因此，在使用意见领袖时，第一步是通过调查或凭经验或逻辑来确定意见领袖在当前环境中的角色。这一步完成后，就可以利用意见领袖制定营销策略了，如表5－2所示。

表5－2 利用意见领袖制定营销策略

策略	内容	案例
广告	广告应力图激励人们做意见领袖，或使他们模仿意见领袖。激励包括设计一些活动，鼓励使用者谈论产品或品牌，或者让可能的购买者向使用者询问他们的感受	模仿意见领袖涉及找到一位众所周知的意见领袖。例如，为跑步器材找到乔伊娜或卡尔·刘易斯，使他们认可某一品牌。或者在一则“生活片段”式的广告中，让一位醒目的意见领袖推荐产品，这种广告通常是“偷听到的两个人的谈话，其中一个人向另一个人提供选择品牌的建议”。
赠送产品样品	赠送样品，即将产品样品送给一个潜在的消费群体使用，是激发人们传播该产品信息的有效方法。在一项研究中，随机选择一群妇女，免费送给她们新速溶咖啡样品。结果发现，一周之内33%的样品获得者与家庭以外的人谈论到了这种咖啡。营销者不能随机选择样本，而应该尽量将产品送到可能成为意见领袖的人手中	克莱斯勒公司为引入它的LH汽车无畏、统一和鹰眼，向6000名可能的意见领袖提供新车，让他们免费使用一个周末。这些人包括经理和社区首脑，也包括经常提供意见但却不受瞩目的人，如理发师。随后的市场调查发现，有3.2万多人驾驶或乘坐了这种汽车，而其口头赞誉则流传更广

续表

策略	内容	案例
零售与个人推销	零售商或推销员有成千上万的机会使用意见领袖。服装店设计了"时尚意见委员会"，由目标市场中可能成为服装款式意见领袖的人组成。面向青少年的商店使用的活跃分子和班级干部也是意见领袖。餐馆老板也可以向目标市场中的可能领袖做出特别邀请，或提供二兑一的赠券，以及菜谱，等等	零售商或推销员可以鼓励现有顾客向潜在的新顾客传达信息。例如，一位老顾客带来一位朋友看车时，汽车推销员或经销商就可以为他免费地洗车或加油。不动产商可以为顾客或可以带来新顾客的其他人提供一张在豪华餐厅享用双人餐的赠券
识别意见领袖	意见领袖可以通过社会学技术，或者关键信息的提供和自行设计的问卷来识别。如果想要知道一个产品在全国范围内的意见领袖，又当如何呢？意见领袖的辨认是不容易的，因为他们与被影响的人们十分相像。意见领袖大量地使用大众媒体，尤其是那些与其意见领袖相关的媒体，由此为识别意见领袖提供了线索	耐克推测《跑步者世界》的订阅者就是散步鞋和跑鞋等产品的意见领袖。同时，由于意见领袖很合群，喜欢加入俱乐部和社团，耐克也可将当地跑步俱乐部的成员，特别是俱乐部的活跃分子作为意见领袖。 另外，某些产品领域有职业性的意见领袖。对于家禽产品，乡村推广机构一般都颇具影响力；理发师和发型师可以充当护发产品的意见领袖；药剂师则是很多保健护理品的重要意见领袖；计算机专业的学生，也自然而然地成为其他打算购买个人计算机的学生的意见领袖

挖掘专属渠道：找到新圈层，发现机会点

每一个目标圈层获取信息来源的媒介都是各不相同的。找出他们获取必要信息的来源渠道，针对核心渠道来源进行营销推广，利用这些渠道进行针对性传播，能有效避免资源的浪费，并扩大影响力。下面，我们来看一个案例。

海印集团是非常出名的商业地产运营商，在大沙头等地的多个商业地产项目都为人所熟知。不过很多人不知道的是，2000 年前后，海印除了是多个商业物业的大业主、大包租商，也开始做起发展商，开发销售型的住宅和商业物业。番禺大道比邻番禺沃尔玛山姆会员店的海印总统公馆项目、海印星玥项目以及大沙头商圈的海印东山 100 项目都是其开发的楼盘。只不过，海印集团的这些项目较少在媒体上进行广告宣传，因此很多消费者并未熟知。可能有人会问，在激烈的市场环境下，所谓“酒香也怕巷子深”，发展商如果太过低调的话，如何才能促进楼盘的成交？

原来，海印的妙招就是笼络旗下专业市场等商家的渠道资源，凭借众多商业对其经营项目的信心，通过定向的营销就能招揽众多的商家成为旗下物业的新业主。例如，集团的首个商业公寓项目番禺区番禺大道沿线的海印星玥，在第一批的两栋单位几乎没有拿出来公开销售就被其在内部认购中完全消化了。楼盘随后推出的3、4栋单位，也是在开盘当天售罄，并且基本要关系户才能买到，街客很难买到。

挖掘专属渠道是一种“窄道传播”策略，即研究各圈层信息获得渠道，针对细分的核心渠道来源进行营销推广。新圈层就是专属渠道，挖掘专属渠道主要是找到新圈层，发现机会点。下面以房地产销售为例来说明这个问题。

◎ 亲友圈层

亲戚和朋友是最常见和最普遍的社会关系，通过目标圈层重要对接人邀约其亲友参与活动，可对具有购房能力及人脉价值的客户进行圈层的二次挖掘。当然，业主及其朋友都可以参与的活动才是好活动。

首先，可以通过客群分析，推导出举办的活动类型。例如，某项目曾做过一个客群分析，针对以上客群，可有针对性地举办业主答谢会或老业主推荐优惠等活动，发掘业主身边亲戚朋友的潜在购买力。例如，新年音乐会、业主联谊活动、DV 摄像比赛、征文比赛、社区公益活动、业主足球联谊、儿童游泳大赛、关爱老年人活动等。其中针对儿童、老人的活动，其家人、朋友往往会陪同，参加活动后，吃饭、休闲、工作时，都会与自己的朋友、同事津津乐道，最终转化为销售。

其次，寻找各种拜访和见面的理由。如客户生孩子、生病、生日、纪念日、节日等，销售顾问可以带着礼物到客户家里拜访，也可以根据现场情况请客户和其朋友、邻居一起吃饭。这样，其朋友、邻居也都成了新的潜在客户。例如，某项目老业主孩子过生日，可以借用售楼处场地，项目方还提供小丑、主持人、乐队，最后，孩子同学及同学家长、老业主及其亲友都集聚到会所内，业主觉得有面子，其朋友更是受到服务的触动，排了两张卡。这些客户在交认筹金的时候，关心的已经不只是户型了。

最后，发掘自身客户会。例如，万科“万客会”通过提供免费体检套餐、直接赠送礼品等形式回馈会员，会员基于认同或是炫耀，会不经意间和朋友说起，这种信息传递的效果非常好。当然，前提是要精心选择礼品，档次、品位兼具，有值得炫耀的资本。

◎ 同好圈层

圈层常常与高端兴趣爱好绑定在一起，但可以延伸想象的是，普通购房者的爱好也一样可以交圈，甚至高端圈层与一般购房者可能拥有相同的爱好，如摄影、电子竞技、骑行、徒步、旅行、马拉松等。

每个人其实是一个点，可能他的某种身份是个营销人员，某种身份是个文玩爱好者，某种身份是个马拉松跑者……因此，可围绕不同圈子主题举办不同的活动。

◎ 同乡圈层

同乡圈层是非常微妙的，有着相同的根源、秉性和成长环境，以往有过土豪同乡圈层的昙花一现，如温州投资客。但实际上，针对同乡圈层的营销常常被忽略，因而需要在活动设计和现场体验上给足他们转发和转介的动力。

例如，聚龙小镇的同乡圈层，其老带新的氛围简直超越大家的常规理解，如上海一位客户买了聚龙的房子，在装修阶段，自掏腰包从上海拉了两桌亲朋好友前往聚龙体验。与此同时，因为聚龙小镇的购买者有39%为福建省外人士，所以经常出现“一人定居带动一群人来定居”的现象。

◎ 同业圈层

这是以往营销中比较重视的一个圈层，或者经常被打上职业的标签，可基本锁定中高收入人群，如私企业主、公务员、金领、高级白领、留学人员、IT 行业和金融行业人群等，像是深圳的华为员工，可为他们办专场电影，吸引他们前往项目，并延长停留时间。

此外，还有一些职业圈层也值得重视：一是一些城市的教师圈层，他们收入高而稳定，可通过教育部门、工会、学校等把他们组织起来搞活动，积累潜在客户。二是医护人员。如荆门碧桂园为当地某医疗集团（旗下有 3 家当地规模化私立医院与 3 家社区卫生服务站）举办了联欢晚会，荆门碧桂园派出拓展经理和策划团队多次上门拜访，晚会的成功举办也意味着项目有效宣讲。三是社交圈子相对较小的工程师和程序员，他们会与同事、同学、朋友、同行结伴或带着妻子和孩子前来，因此也可以设置配套的场景让他们的小孩参与，如在现场放电影、动画片等，很多业主、准业主会非常有兴趣。

◎ 经济圈层

这是圈层营销的重镇，包括企业高管、演艺人士、基金经理等，也包括一些具有名人效应的资深媒体人士，这些圈子牵一发而动全身，可能一个业主买了，其周边同等经济水准的圈层也会购买。因此要善于发掘新的经济圈层，如有些城市存在的小产权房业主，小产权房有一个特点，是全款买房无按揭，那么随着地段好的小产权房的升值，业主卖掉小产权房转投商品房，天然拥有独特的购买力。此外，还有高端长租公寓的租住群体，已经具有购买实力，一旦步入结婚生子阶段，是非常有购买潜力的经济圈层。

◎ 跨界圈层

利用圈层之间的互动，进入其他主力圈层。在经济圈层营销常见于政商联谊，但是如今朋友圈逐渐开放，即便是达官贵人，他的朋友圈里也是三六九等都有，所以他们天然就是一个流量入口和IP，可以善加利用。像是在一些商家、机构、商业协会的活动中穿插销售环节，可以一场活动普及多类人群。

总之，找到了上述新圈层这个专属渠道，就可以利用新圈层的核心人物，向他们灌输信息，强化信息的传递，根本的目的是让他们向其圈层内成员传递本项目信息，将好感觉、好评价告诉圈层成员，扩大项目的影响力和知名度。

激发高品质活动品牌效应：品牌战略＋间接促销

激发高品质活动品牌效应，即针对不同阶段目标圈层的生活模式、心理需求等特征，根据他们特有的圈层活动，组织开展具有针对性的活动，聚集人气，在圈层中产生足够的影响力。下面我们来看一个案例。

法国 TOP 奢侈品沙龙 2009 中国巡展首站——巴黎宝藏展览会在海南清水湾销售中心盛大举行。海南清水湾是面向全球高端人士的旅游度假项目，与法国 TOP 奢侈品沙龙个性化定制服务不谋而合。顶级私人物品定制化服务是财富阶层的新兴消费模式，而海南以优质的人居环境吸引了大批财富阶层聚居，创造了巨大的高端定制消费需求。

此次展览会达到了世界顶级水平，这样的高端定制珠宝活动，对于树立项目的品牌效应和美誉度都是有很大帮助的，也能快速将高端度假旅游品牌和奢华的珠宝产生快速品牌联想，为自己的品牌提升品位，实现发酵高品质圈内口碑的可能。

◎ 圈层营销中的品牌战略

要在圈子中实现品牌效应，首先需要品牌营销战略设计。关键是规划圈子的直接价值和间接价值，然后以品牌驱动销售，让品牌与圈子产生良性循环，从而使品牌为客户创造价值。

直接价值指圈子的购买力，包括圈子成员与你产品的相关性、接受度，他们的支付能力，人数。间接价值，可以是拉近与官员的关系、与行业带头大哥的距离，提高身份，也可以仅仅是心理上的归属感等。

以品牌战略为驱动力的价值实现，其基本含义包括如表 5－3 所示内容。

表 5－3　以品牌战略为驱动力的价值的基本含义

序号	内容
1	交易成本是圈层营销天经地义应该消除的成本。交易成本包括：取信于消费者的投入（广告等）；取得供应商支持所投入的成本（如“包装”自身形象的费用）；取得银行、媒体、政府主管部门、社区公众的支持所需的费用
2	品牌是“所有利益相关者”的“利益指示器”；当企业品牌价值趋近于无限时，从理论上说，圈子成员间、跨圈子间的交易成本为零
3	品牌战略要从企业的核心能力、顾客定位、采购结构、合作模式、经营风格、运营模式、实力形象、人员风气、收益形象、员工满意度等方面体现出来，从不同角度反映同一个真实的价值承诺。从研究顾客需求到企业战略、核心能力，最终的目的是运用品牌武器为利益相关者互相创造最大价值，形成“价值网络”
4	圈子的规模缩小或扩张，如接受新的成员加盟、开发新产品、品牌延伸到其他行业等，都必须与品牌对价值网络创造价值的能力增强相适应。也就是说，企业扩张圈子，必须是品牌驱动力提高、价值网络增值的自然结果，而不是财务噱头、贿赂

◎ 圈层营销中的间接促销

间接促销是指通过各种促销方式向消费者传递企业的经营信息，间接地促进企业经营的产品和服务销售的一种形式，其特点主要是通过塑造企业的形象，提高企业的知名度，扩大企业经营业务范围，增加企业产品的销售机会。下面我们来看看红牛的间接促销。

在定位方面，红牛饮料的目标受众群体为汽车司机、夜场娱乐人士、经常熬夜的工作人员、青少年运动爱好者等等，这使之与可口可乐、百事可乐两大巨头有显著的区别，因此饮料界最大的两个威胁可以化解。

在提升品牌形象和构建品牌价值方面，红牛明确提出了其功能性饮料的定位，将自己与有竞争力度的品牌进行区隔；红牛进入中国市场后入乡随俗，进行本土化营销。这从它的品牌标志设计上可以很好地体现出来：两头相抵的红牛中间一个太阳，红牛给人以充满能量与力量、斗志昂扬、活力四射的感觉，太阳同样有阳光向上之感，另外在颜色设计上选择红与黄相结合，红、黄色调是中国传统色彩的主色调，十分符合中国人吉祥如意的彩头。运动营销是红牛进行品牌定位升级宣传的一个很好的载体。运动为人们带来乐趣，而体育赛事、体育运动所传达的体育精神，更能与红牛深刻的品牌内涵形成共鸣。

红牛通过间接促销，使人们一提到红牛就会想到滑板、脚踏车、赛艇、赛车、运动、翼装飞行、跳伞等所有疯狂且迷人，让人热血沸腾的极限运动，活力，激情，提神醒脑，补充体力等。红牛将运动与品牌进行了很好的嫁接，任何人只要想到红牛这款功能性饮料，永远不会少了两个字：运动，要是四个字，那就是“极限运动”。

圈层营销中的间接促销，就是针对目标圈层所喜好的品牌物品，如名车、名表、名牌服饰等，将我们的产品或项目与目标客户群所喜好的品牌联系起来，通过这些知名品牌的内涵，隐喻了我们做营销推广的产品或项目的内涵。一方面，通过活动，让目标圈层产生品牌联想，在其潜意识里迅速将与自己利益有关的联想调出来，使自己的购买决策理由充分。另一方面，利用品牌嫁接，通过产品与品牌之间的互动活动，树立起项目自身的品牌，一是可提升品牌价值，二是也可间接促进销售，从而让目标圈层对项目产生深度、良好的认同，在心灵上产生感性、精神层次的认同。

维护圈子：通过阶段性品牌活动拉近圈中消费者的距离

圈子只有靠不断地付出才能维系，如果仅仅因为推销自己的产品，一时搞很多活动，而之后就悄无声息，就会失去主动，没有更好维系圈子的内聚力。维护并保养圈子有两种方式：一是通过品牌活动拉近圈中消费者的距离；二是要让圈子中的人觉得有价值。

◎ 通过品牌活动拉近圈中消费者的距离

品牌活动是指企业塑造自身及产品品牌形象，使广大消费者广泛认同的系列活动过程。品牌活动有两个重要任务：一是树立良好的企业和产品形象，提高品牌知名度、美誉度和特色度；二是最终要将有相应品牌名称的产品销售出去。

对圈子而言，圈子建立之初的关系本来就较为薄弱，因此更需要通过阶段性品牌活动拉近圈中消费者的距离，所以对圈子的维系至关重要。例如，在房产项目的营销中，很多开发商都开展持续性的亲子活动，不仅使得活动功利性弱化，更能推动人与人之间的交流和认识，维系圈子的成长。

◎ 让圈子中的人觉得有价值

圈子最重要的就是要让圈子中的人觉得有价值，让圈子成为心灵的港湾，成为补充能量的加油站，成为获取知识的信息源。

让圈子中的人觉得有价值的方式有很多，如等级，让用户觉得进入这个层级是一个等级的象征，就像那些奢侈品品牌做得那样；如知识，让用户进入这个圈子能了解许多自己不知道的事情，而这些知识可以成为用户表现自己的谈资；如人脉，让用户觉得进入这个圈子可以结识很多对自己有帮助的人；等等。

第六章 圈层经济的投融资

本章选取农行、市值风云、亿荣投资等几个案例，展示不同圈层的投融资风云，分析每个案例的投融资逻辑，最后阐述了通过资金管理来打造“圈层金融”生态产业链的路径，旨在为圈层会员们提供实例借鉴及投融资策略。

农行："三个圈层"创新互联网金融服务

2016 年 5 月间，农行湖北分行针对专业市场推出了“三个圈层”互联网金融服务商品流通市场新模式，以信贷支持市场建设为切入点，以电商金融平台为纽带，力图构建联结市场交易各方的综合金融服务圈。

◎“三个圈层”互联网金融服务新模式

农业银行湖北分行先后与中国农产品交易公司白沙洲市场、潜江廿佳物流园合作，形成了“三个圈层”的金融服务模式。

一是信贷融资服务圈层。为市场投资运营方提供融资服务，为市场上游种养殖户、新型农业主体和下游经销商提供融资服务。

二是电商金融服务圈层。农业银行“E 农管家”电商平台具有整合客户资源、推动形成产业链和发掘产业链价值的功能，将从“田间到餐桌”的全产业链客户串联起来，通过 POS、MIS、现金管理平台等电子银行产品和结算类产品，为市场连接的各环节提供安全、快捷的支付结算服务。

三是延伸综合金融服务圈层。通过大数据分析，对客户及需求进行分类，开展精准营销，提供包括代收付、理财融资、私人银行、农民进城购房等在内的其他综合金融服务。

自2015年正式推出全新“E农管家”“三农”电商金融平台以来，农业银行湖北分行打造了“E农管家”“工业品下乡、农产品进城、在线融资”的全功能服务平台。实现了针对零散批发商、农批市场、企业经销商、县域商贸物流园的四类客户服务模式，产生了较好的集群带动效应。此次该行围绕“三个圈层”，进一步深化综合金融服务模式，是农业银行互联网金融与“三农”业务有机结合的新尝试。

◎“三个圈层”新模式的效果和意义

专业市场“三个圈层”金融服务模式是农业银行互联网金融与“三农”业务有机结合的新尝试，实现了专业市场服务对象的立体化，产品营销的多元化和价值创造的综合化，既适用于农产品市场，又适用于副食、日用、建材、服装、家具、纺织等各类专业批发市场，具有很好的推广、复制价值。

在“互联网 + 三农”的大背景下，农业银行与中农公司依托“E农管家”电商平台，在客户拓展、营销创新、资源共享等方面开展密切合作，创新了E农管家农商友项目，2016年1月在武汉白沙洲市场上线后，不到5个月，交易额已突破10亿元。

实践证明，E农管家农商友项目体现了创新驱动理念，是农业银行电子化业务与“三农”金融服务有机结合的新亮点，通过交易系统、物流系统、线上线下支付结算对接，实现了农产品交易资金、订单、物流信息的一一对应，实现了资金流、信息流、物流的三流合一，有效降低了企业财务成本，提高了交易效率。未来农业银行将与中农公司联手，全面推广 E 农管家农商友项目，带动商品流通市场的线上交易，整合农产品上行的全程供应链资源，利用 O2O 线上线下一体化无缝衔接模式，实现信息互享，资源共用，抢占“三农”电商的制高点。

潜江廿佳项目是农行凭借“E 农管家”先进的进销存管理、农产品上行、交易结算一体化、客户资源共享等优势，实现物流园整体电商化。廿佳公司 2016 年初顺利上线“E 农管家”，实现购物商城、采购管理、销售管理、订单管理、多渠道支付、供应链协同、仓储管理、车辆调度、物流配送、交易回溯、财务管理等一体化运营，构建了“城乡电商 + 物流 + 金融”的闭环服务体系，上线仅 4 个月，交易额已达 2.6 亿元。

中国农业银行“三农”业务的一位负责人表示，商品流通市场是商品流通体系的重要节点，连接着生产与消费，是农产品进城和工业品下乡的主要渠道。下一步，农业银行将继续发挥网络科技、产品和人才优势，以商品流通市场为重点，紧紧围绕“三个圈层”，深化综合金融服务模式，为推动中国商品流通体系现代化建设，进而促进农村一、二、三产业融合发展做出更大的贡献。

市值风云：三个月粉丝3000融资360万

市值风云于2015年12月开始更新，2016年1月仅凭3000不到粉丝达到正向营收，3月接到高樟资本投资意向，4月正式签约，5月高樟资本的360万元资金全部到账，公司正式注册成立。异军突起的市值风云，其背后拥有怎样一支内容写作团队？以微信公众号+头条号冷启动的模式又是如何在高端人群圈层口碑传播？下面，就让我们一起来看看吧！

◎ 内容写作“极致专业+阅读快感”

2015年下半年股灾，杨峰所在的上市公司董秘班的同学都没有了上半年对股市的激情，因为“大势不在、事倍功半”的投资没有价值。对于这一批高管而言，创办市值风云的初衷是“心情上有点激愤，想表达点什么”。于是，从12月开始，市值风云微信公众号陆续开始发布一些文章，表达对A股市场的看法，并逐渐聚焦到资本市场和上市公司研究角度上。

创始人杨峰和其背后写作团队，都是目前上市公司一线从业高管、董秘、CFO、投行和基金经理，这些在职高管具备更加专业的写作能力，更符合公众号对内容的专业性和深度的要求。市值风云的微信公众号简介里写道："最江湖的A股风云录和上市公司研究，专注于解读中国资本市场最典型的并购重组、最血腥的股权战争和最脑洞大开的财务舞弊。"文章所呈现出的画面感和故事性，无疑拓宽了市值风云的业务发展方向。

这个没有什么名气的公众号，以杨峰本人为圆心，开始在一批证券市场高管中扩散开来。文章内容所展现出来的专业度和对市场的把握，仅发布三篇原创文章就吸引来了广告商。开号半个月后，就接到今日头条的"千人万元"计划的邀请，开始获得固定的版权合作费用。杨峰意识到了这种转变所带来的商业上的可能性。仅三个月以后，著名新媒体投资基金高樟资本创始人范卫锋就联系到杨峰，面谈两次之后便定下了投资360万元的意向。不同于一般创业公司融资难、资金到账缓慢的普遍现象，市值风云在一个月内完成公司注册，天使轮资金紧接着就全部到账了。

和其他被推上风口浪尖的"90后"创业者不一样，杨峰说作为"80初"的创业者着实是老前辈了，"我们这辈人，怎么长大的？绝大部分是看古龙金庸长大的"。这种骨子里对武侠和中国传统文化的热爱，也烙印到市值风云文章的风格中。杨峰和所有的参与者，都曾用过武侠体、小说体来写股市风云、市值股市，这也给这个低调写作的账号带来了一股侠义之风。而对于核心受众来说，武侠小说体市值风云，也颇有一番趣味。

杨峰团队的一个联合创始人以歌行体写的《李嘉诚传》，在写的时候字斟句酌，还得寓事于诗，不能因诗伤事，也不能因事伤诗。当时歌行体的阅读量并不高，适合的人群很小众，这对于杨峰他们来说是并不差的反响，因为真正能读懂的那批人显得尤为兴奋。

市值风云微信公众号背后的运营者是一批有能力做专业深度研究并且能把文章写得非常好看的人。同时，他们在内容上有着一套坚定不移的原则：第一，保持极致专业性；第二，写作角度中立；第三，深入浅出，有阅读快感；第四，形式上要新颖。正是因为如此，市值风云在仅发布几篇原创文章、粉丝很少的情况下，就有顶级的广告客户找上门来，开价也到了10万粉丝账号的刊例价。出于账号内容的敏感和自己的初衷，大部分广告客户还是被拒之门外。他们留下一两个自己评定看好的上市公司，并要求对方不得干涉内容，仅作为选题，以保持内容的客观和公正。杨峰后来对媒体说，当时之所以尝试这种风格，是因为这种风格是公众号能活下来的必需条件。“专业的深度研究，专业能力和客观公正的态度很重要，不能因为一条广告，就葬送了公众号的独立性和专业性。”杨峰如是说。

◎ 为何三个月能融资360万

在高樟资本的融资进来之前，杨峰就已经看准了这个账号切入市场的切口及面对的人群，除了上市公司的高管、基金、投行、研究院，还有中国股市背后的1亿股民。这在杨峰看来，第一有价值，第二群体大，“我们找的切口又很小，也符合新闻学规律”，从这样一个小切口到大市场里，杨峰十分有信心。

主创团队在证券市场浸淫多年，文章的传播触发点也来自于朋友圈，吸引了一批高净值人群，不断形成波纹扩散效应。公众号后台粉丝里，实名的人很多，大部分都还有一定的知名度，高管或者董秘很多都能在网上搜到上市公司信息披露介绍。而这群人所形成的口碑效应，显然成为第一批为市值风云背书的人。

在杨峰看来，三个月的文章被投资人相中并不过分意外，“因为我们本身积累够了，投资人投的不仅仅是这几篇文章，他看到的是这背后附带的过去十几年工作经验的价值”。而所谓的内容创业的风口，只是把没有用的人吹上来，真正有内容创作能力的那群人，并不是因为某个风口的来临而成功。“比如，现代人还在看千年以前的《资治通鉴》和《史记》。但这些书当时不是写在竹子上就是写在布帛上的，写文章的人无所谓在什么载体上写，竹子没了书还在啊。内容创业也是这样，所以我觉得是微信载体的风口，不是内容的风口，只是微信这个载体释放了内容写作者的原力。”以后这个载体无论怎么变化，内容创作者只要还能写出符合时代需求的好文章，就不用害怕。

传统媒体时代的变化对杨峰来说感受颇深。市场化媒体改革之后，大量市场化媒体涌上来，最后留下来的如一财、经济观察报、21世纪经济报道，趁着风口跑上来却站不住的人再次倒下；互联网时代也是如此，一大批门户网站涌出，最后只剩下能力最强者，如新浪、网易、搜狐等。“内容创业者所具备生存的核心实力，就是内容的创作能力，不必太介意风口和载体的变化”，他说，因为把武侠小说的感觉融入商业故事中，很多视频和音频行业的人对这类的故事也十分感兴趣，“他们说合作改编成故事拍摄，做音频播放，我其实也挺乐意的”。

亿荣投资：同学圈集约式投资开拓圈层经济新模式

2014 年 8 月 9 日下午，成都世纪城洲际酒店天府厅内，四川亿荣投资管理股份有限公司（以下简称“亿荣投资”）正式开业，同时该公司参股投资的四川首家翡翠产业投资基金——成都马夫捡石翡翠荣耀基金炫目亮相。300 多位上市公司及集团公司董事长、银行行长、投融资担保等金融机构总裁，以及翡翠行业的经营者、藏家等高端人士出席了此次盛会。投资基金启动仪式上，主办方展示了一只 4800 万元的极品翡翠手镯及一件价值 3 亿元的中国顶级的翡翠挂件“君临天下”。

◎ 同学圈集约式投资开拓圈层经济新模式

圈层经济是目前流行的商业资源集群化集约化转化经济效益的发展模式，各种同学会、圈层组织抱团发展如雨后春笋般出现，掀起一轮轮圈层经济热潮，但又此长彼消不乏急功近利昙花一现者。而亿荣投资谨慎审度当前国家经济政策鼓励民营资本助力中小企业金融生态环境改造的利好形势，立足企业长远、稳健的发展目标，创造性地设计了开放的民营资本集约平台，即降低入股门槛，以50万至500万不等的出资额鼓励LP进入平台的积极性，通过严格LP信以及目标束集经营管理手段，鼓励圈层成员整合圈层资本与产业资源的结合，并协同LP个体成长，对成员项目优先考虑给予投融资扶持。

亿荣投资以心灵成长课程的学员（LP）为核心，融合各高校总裁同学会、商会、俱乐部等行业精英团队力量，整合社会各界资源，实现价值转换，为股东与客户创造增值价值共享的投融资服务平台。亿荣投资视圈层信息互动、产业资源整合为核心竞争力，以产融结合项目直投为重点业务，以短期投融资、创业投资为引擎业务，致力于发展建设长效稳健的同学圈经济模式。

公司信息处理中心会专门接受圈层内成员提出的商业计划书、项目建议书，并协助其完善方案。方案经董事会批准，公司即注入资金，并动员公司圈层资源支持该方案的实施，项目成功后，公司与被投资方分享利益。“众人拾柴火焰高”，集体聚沙可成塔，亿荣要扮演圈层经济新模式的开创者和引领者。

◎ 翡翠基金成投资新蓝海

为了进一步挖掘同学圈层的资源和整合力度，亿荣投资将目光转向新的蓝海翡翠基金。公司以投资公司为平台，支持自己的股东成立了四川第一家专业翡翠投资基金——马夫捡石翡翠荣耀基金，为翡翠这个资金沉淀极大的行业配套出一个专属服务于行业经营者、爱好者、收藏家的投融资平台，成功打造出一个翡翠行业中的优秀金融服务商。

就专业投资基金的优势来说，马夫捡石翡翠荣耀基金是首个产融结合的产业投融资专业服务平台，它不仅将投融资服务与实际的市场需求无缝对接，更立足产业发展的高度，全局而高效地整合行业资源，从资金、技术、人才、物料全局提供专业支持，对原石采购、生产加工、成品流通、拍卖收藏等，实现全产业链的平台化建设，从而提高投资项目资源整合的效率，有效控制投资风险，提高投资收益，推动产业发展。而之所以选择翡翠行业，正是近年来翡翠作为“玉石之王”，由于其资源稀缺性，投资潜力一路看涨，公司股东普遍看好翡翠行业的发展前景。

马夫捡石所服务的对象主要分为三类：第一类是广泛的翡翠爱好者、收藏家；第二类是翡翠行业的经营者；第三类是翡翠行业的雕刻师、设计师等。马夫捡石为第一类客户提供高档翡翠抵押贷款服务、分期付款服务、高档翡翠回购服务、拍卖服务、评估服务、理财产品服务等金融服务衍生品；为第二类客户提供小额信誉贷款服务、拆借服务、银行过桥服务、股权质押服务、股权投资服务、融资担保服务等；为第三类客户提供风险投资服务、信誉贷款服务、高端翡翠毛料服务、翡翠基金服务等金融服务产品。

目前国内仅有几家翡翠投资基金，在当前房地产信托等产品低迷的情况下，翡翠信托、翡翠抵押融资等模式将不失为一种新的融资渠道。同时，成都市已有的3000多家投资有限公司可以提供投资、贷款等金融服务项目，但多是涉及土地、房产、车辆等。翡翠虽是投资佳品，但在四川省并未与金融行业并轨。马夫捡石则正好填补了这一空白，在翡翠投资和金融服务之间搭起了一座桥梁。

◎ 打造投资行业王者之师

马夫捡石翡翠荣耀基金的名称“马夫捡石”源于一个古老的传说：当年一位马帮的马夫为平衡马背两侧货物的重量，随手捡了一块石头压箱，回到家才意外发现那是一块内里晶莹剔透的绿色石头，经过马夫细心打磨，一块精美绝伦的翡翠珍品诞生。从此，翡翠的价值才逐渐被世人认知。

故此，“马夫捡石”寓意基金将为投资翡翠行业的客户带来新的财富机会和美好生活，就像那位带给世人珍贵而美丽的石头的马夫。为了表达这一寓意，亿荣投资不惜重金找来当时国内顶级的翡翠珍品——价值3亿元的翡翠挂件“君临天下”及一只4800万元的世间罕见的翡翠手镯现场压阵，并请国内翡翠权威鉴定专家要全泰教授当场鉴赏，与所有现场嘉宾一起分享旷世宝物的奇韵。

价值3亿元的“君临天下”满绿稀世翡翠珍品，晶莹剔透，水润无暇，通体透着一股足以威慑天下珍宝的王者之气，令人叹为观止。亿荣投资将会认真演绎一场现代投资行业的马夫故事，做行业的开拓者，更要做到行业的领军王者。

收购珠海银隆：董小姐一个电话让王健林投资5个亿

格力电器的董明珠被称为“制造业一姐”，是一位从来不缺乏话题的话题女王。在过去的2016年，董明珠可谓话题不断，其中先是收购珠海银隆失败，最后一个电话让王健林投资5个亿入股珠海银隆，可谓赚足了人们的眼球。董明珠和王健林的交情开始于何时？为何能让王健林轻松豪掷数亿元？而这背后又有怎样的利益纠葛？下面就来揭开这背后的谜底。

◎ 十亿对赌后续

董明珠最早和王健林同屏，可能还是始于央视2013年底举行的中国经济年度人物评选活动。当时的董明珠正意气风发，刚从格力创办人朱江洪手中接过权力棒，担任格力电器董事长，而当年的格力电器空调销售额突破1000亿元，占据市场“半壁江山”。当时身为制造业代表的董明珠和身为互联网经济代表的雷军同台，抛出10亿赌局。而当时给二位颁奖的人，正是马云和王健林。有趣的是，当时针对董明珠和雷军的对赌，询问两位“首富”的看法时，马云表态支持的是董明珠，而王健林支持的是雷军。

在当时，马云已经变相抛出橄榄枝，“如果格力不跟阿里合作，很有可能三年被小米超过”。但随后却并没有下文，究其原因，可能是同在2013年，马云已经与其竞争对手海尔达成了战略合作，并且高调投了22亿元，宣称联手打造全新的家电及大件商品的物流配送、安装服务等体系。而当时业界也质疑，为什么是海尔，而不是格力？

可见芥蒂早已种下。一年后，王健林态度却突然转变，2014年初，王健林出面帮助董明珠拍摄格力新款中央空调光伏直驱变频离心机的广告，并且是免费代言，这可是当时头顶“首富”光环、身家超过800亿元的王健林的广告首秀，可见当时王健林对董明珠的认可。当时不仅引发“小米被倒戈”的说法，也难免被业界揣测万达和格力将有深层次的联合。果不其然，仅在一年后，董明珠在接受媒体采访时透露，格力和万达已达成战略合作。“可能以后它（万达）所有的电器产品都是我们提供的。”董明珠曾对此预言。传统制造业都在寻求转变，即使是格力也不例外。排除马云，王健林无疑是很好的选择。

针对10亿赌局，也许董明珠并不是在开玩笑，信奉“实业兴邦”的格力，也会担心“天花板效应”，赌局的一方面意义就是推动自身发力，包括寻求合作。对小米的预言，随着小米近年增速的放缓，似乎也已部分应验。但如何应对企业未来的格局突围，也许才是企业家真正考虑的，而王健林和董明珠后续的合作，便顺理成章了。

◎ 捆绑的合作

2014 年底，酝酿上市已久的大连万达商业地产终于成功赴港 IPO，在挂牌仪式上，董明珠一袭深色风衣现身站台。而早前的招股书披露，万达商业地产共计引入 12 名基石投资者，而格力就是其中之一。公告显示，香港格力电器销售公司认购了大连万达 2 亿美元的股份。

这被市场解读为只是双方合作的开端。当年万达集团旗下的万达商业地产已迅速做大规模，据报道显示，2014 年万达商业地产合同销售收入高达 1601.5 亿元。地产和家电的结合，本身就是已经成熟的合作模式。格力之前几年的飞速发展，也可以称得上是中国房地产业飞速发展的最大受益者之一。

同时，"抱团取暖" 的观点也成立。面对房地产市场进入 "白银时代" 的普遍观点，"以售养租" 模式遇到天花板的看法在万达商业地产上市时已经颇为风行。根据银河证券于 2014 年底发布的研报，格力电器当时估值已处于 A 股市场最低水平，也处在公司历史的最低点。

当时两者有可能合作看中的最大市场是智能家居，但也迟迟没有下文。就在这时，格力手机面市，作为格力智能家居战略中的一环，格力手机被寄予厚望，但随后证明无论是其销量还是格力智能家居的生态构建效果都不理想。早在 2014 年，格力就将智能家居产品研发作为 2015 年的重点工作：将建立格力智能环保家居控制平台中心，将格力光伏空调、热泵热水器、中央空调新风换气、空气净化器、饮水机、格力智能移动控制终端等一线打通。

而彼端的万达，除了格力，也引入了另一家家电巨头 TCL，战略合作内容包括万达与 TCL 在互联网应用及服务平台、商用显示、空调、智能家居系统等业务开展合作，同时万达也开始与多家互联网企业合作共同开展 O2O 服务。

万达和格力的合作进程没有重大更新，推测一方面是基于二者在智能家居市场仍未有重大突破，二则是在寻求更合适的时机。虽然如此，但基于合作的两位大佬，却对共同的对手，体现出了十足的“捆绑式”合作关系，看热闹不嫌事大的网友们，也由此对二位增粉不少。比如海尔的反应。董明珠以爱打嘴仗著称，先是炮轰美的和小米合作——“两个骗子在一起了”，后对格力的三大竞争对手海尔、美的、志高又一番臭贬。当时针对董明珠对海尔的贬低，海尔迅速回应称“阿姨，我们不约”。后续凑巧的是，王健林也对海尔发表评论。在万达学院开学典礼的内部会议上，王健林用万达太原街赔付事件对比当年海尔张瑞敏砸冰箱的典型案例，称“我们这个事例，比海尔砸冰箱那个事例伟大多了。砸二十几台冰箱才几个钱啊”。这一评论被海尔迅速火药味十足地回应，也吸引了诸多关注。

虽然大佬间的嘴仗除了吸引围观群众，营销产品往往才是其考虑的首要，但似乎也从另一个角度证明了二人的站队。当然，在商人眼里，没有永远的敌人，只有永远的利益。正如马云和王健林定下的亿元赌局——2020 年电商销售能否占据半壁江山。仅仅在一年后，便被王健林主动取消：“电商有点挤压到我了”，并表示，“我和马云很快就会有合作”。可见在大佬们的眼里，合作的基础永远是共同的利益。

◎ 联手入股珠海银隆

2016 年，董明珠遇上了也许是在格力几十年发展中最大的坎儿，格力收购珠海银隆的议案被股东否决，董明珠被免去格力集团董事长的职务。

但面对珠海银隆的项目，董明珠似乎比旁人想得更加坚决。董明珠说，银隆的技术在中国乃至世界都是最先进的，使用寿命 30 年，6 分钟充满电，高温 60 度，低温零下 50 度，在这样的范围内能保持正常运行，最起码银隆的电动车不会熄火。至于反对收购的人，是因为只看到了眼前的三分利。

让董明珠不惜得罪股东，强硬推动珠海银隆项目的原因，一方面是董明珠看好产业的发展，另一方面也源于想拓展格力的格局。也正是基于此，董明珠在引导格力收购珠海银隆失利后，仍决定以个人资产入股，并且拉上了昔日的合作伙伴王健林。

董明珠后来对媒体说起这件事：“当时我们格力电器要寻求新的突破，这个突破我觉得不仅是企业的增长，还有我觉得真的要有家国情怀。当我们现在所受到的困扰，都是我们因为在工业发展的时候，给我们人类的生存，给我们消费者，给我们的人民以及老百姓，带来了健康的危害的时候。第二个就是我们的资源一直在消耗，那么它这个电池的技术，又给我们带来一个全新的认识，就是说它在使用完以后，二次回收，它在分解的时候没有任何障碍，而现在很多电池是解决不了这个的。第三就是我觉得这个电池，正好是格力电器未来智能家居里面必不可少的一个程序。我跟王总（王健林）和刘强东他们，认识都好多年了，但是我们总共加在一起的通话跟见面可能没有超过十次。其实我们都很简单，只是一种价值观的认同。其实包括刘总（刘强东）他说什么东西，他只要讲我一听我就能够听明白，而且我非常认同他的价值观，包括王总也一样。所以我们几乎没有什么更多地去商量，只是我有一个这样的诉求，你支持吗？OK 就好了。很简单。”

至此，董明珠的“造车梦”迈出了实质性的一步。后续的跟进应该还是格力来做。但在董明珠以自身之力为珠海银隆引入强势股东后，珠海银隆的估值和后续发展动力都不再同日而语。而格力的股东是否转向，可能还有待时间的推动。

而投资珠海银隆是万达近 30 年投资制造业的首单，也是全球的巨投。王健林为何会支持董明珠？除了私交和对董明珠能力的认可，可能更多的还是看重背后的商业利益。“不要以为我们仅仅是友情赞助”，对于珠海银隆，王健林可能看得比董明珠更清楚：“它的前途我倒不觉得在新能源汽车上，我觉得更多是在储能上。”他表示，全中国能耗的一半是被房地产消耗的，而在将储能技术做到商业化这一点上，珠海银隆让他看到了可以期待的前景。

此时王健林的出手，对董明珠而言无疑是雪中送炭。投资 5 亿元对王健林来说，也许并不算一笔“大投资”，而珠海银隆的价值相较于董明珠个人 IP，也许王健林更看重后者。

观点：资金管理打造“圈层金融”生态产业链

随着中国经济10年飞速增长的结束，经济形势下行，经济持续放缓已经进入新常态发展阶段。市场饱和，人口红利消失倒逼企业转型，使企业的发展性需求与管理能力的矛盾日渐凸显。面对企业转型和供给侧改革的落地，只有强化“互联网+技术”的融入，全面升级资金管理平台，驱动供应链协同大数据进行精细化管理，才能成功实现企业的产业升级。而资金管理的升级已经成为企业降低成本，以创新资金管理模式打造产业生态供应链，锁定企业竞争优势的战略发展方向。

◎ 圈层经济，打造生态产业链

资金运用就像一个包含企业上下游产业链以及企业内部分子公司的紧密圈子。企业必须及时了解和管理好供应链上下游以及分子公司的资金，做到资金充裕时知道如何运用，在企业资金吃紧时知道如何融资。这就需要专业的资金管理平台以其经验和平台优势提供解决方案。例如，中粮、东风等大型企业上市公司一年的财务管理费用就高达十几个亿，在2006年应用资金管理平台之后的10年里，每年企业节约上亿元财务管理费用。加上基于资金管理平台的生态链产生的供应链金融、保理等业务，市场蓝海空间可能达到上百亿元。因此，在中国经济整体下行的形势下，企业资金管理业务需求反而逆势出现井喷。

对于资金管理业务带来的市场蓝海，专业人士认为，企业除节约成本之外，规模做大后一定会去做金融业务。也就是说，在账户存量的基础上，企业融资理财的需求会不断飙升，会产生更多的资金管理业务需求。实际上，围绕企业的生态链打造的资金管理平台是一门经营圈层的业务，没有基础圈层的资金管理应用的切入，就不会有后续的衍生增值服务和类金融业务的产生。因此，大型企业资金管理升级需求不断演变成生态产业之路。

此外，企业资金动态是公司最大的机密，出于信息安全的考虑，企业在不断衍生出新的金融需求的同时，也需要一个可以进行一体化升级的金融圈层和平台来保证资金信息不外泄。如果选择更换平台，则所有与金融机构和内部的接口都要重新对接，这样沟通成本和改换成本也相当高，同时也要考虑到金融安全性风险。所以企业在进行资金管理升级的同时，要建立的是一个类似苹果iOS系统的封闭式金融圈层，在这个相对封闭的圈子内满足企业对资金管理以及金融的各项需求。

◎“互联网+”下资金管理创新导向

在企业转型、资金管理平台升级过程中，“互联网+”技术的融入，为传统金融注入了新的活力。互联网技术是工具，它并没有改变金融的本质，而是流程再造的过程。在资金管理平台升级的过程中，在原有平台上已经加载了供应链金融、互联网金融理财产品、移动互联网实时查询等全新的创新技术。金融是企业发展的需求，随着金融衍生品的不断创新，资产证券化、社会经济形势的下行反而带动了更多资产管理的升级。例如，京东方、中联重科、中国中铁等众多大型企业和上市公司在资金管理平台上试点了更多创新业务，将企业资金管理逐渐变成了“内部银行”。

首先，大型企业体量巨大，总公司通常下辖有成百上千家分子公司，并且在不同的银行开户。对于企业的管理者来说，最头疼的就是账务资金庞大，很难实时获得企业的资金负债和账面现金流最准确的记录和信息。当集团公司在进行某项资金使用时，经常感觉现金紧张。实际上，企业其他账户上还存在着很多现金盈余。这就造成了账面上的存贷款双高。在这方面，九恒星的资金管理平台与国内所有主流银行的核心主机进行连接，这样企业管理者不但可以实时查询调用集团资金信息，还可以给不同级别的管理者授权，以区分查询和获取数据权限。除了国内银行，九恒星还与SWIFT签约，与国外2000多家银行对接，有海外业务的大型国企也能实时了解海外业务的资金现状，对国内外资金实现实时查询管控。这套平台系统已经为中铁工海外资金管理业务提供了系统化服务，通过平台与创新技术协同并用，实现了资金管理的实时性、可视化、可控化。甚至可以通过移动互联网应用微信随时查询海外资金业务现状。

其次，除了全面提高管理效率，资金管理平台的升级和技术创新，还要加速企业战略转型，实现企业资金管理水平和资产效益质量的双提升。例如，九恒星的资金管理平台采取了集中监控模式、统收统支模式、现金池模式等，实现了对资金管理的集中监控、计划审批、统一管理、业务放权。在提升企业的资金管理战略规划性的同时，提升集团企业的资金整体管控实力，解决提高资金使用效率、降低资金使用成本的实际问题，同时为成员企业提供专业化财务管理与金融服务，最终发挥集团产融结合的优势，促进集团产业的全面发展。这也是企业就资金管理方面升级的发展方向。

近几年，企业家已经逐渐认识到资金管理升级在控制风险的同时能节约成本、增值保值，是财富增长的另一驱动力。资金管理升级的蓝海市场因此全面打开。在新经济常态下，金融圈层的需求衍生以及创新技术的融合，必将为企业转型、寻找新业务增长模式提供第二条加速跑道。

第七章
圈层经济的商业案例

统一集团推出的“小茗同学”，以其“认真搞笑，低调冷泡”的品牌诉求为年轻的消费者演绎了精彩圈层运作逻辑；腾讯视频在整体二次元圈层的深耕，体现了腾讯视频对二次元文化的开拓与探索；碧桂园十里银滩的圈层营销，堪称圈层营销的范本；深海八百米锁定大众圈层的做法，展现了与众不同的风采；Lululemon主打女性圈层运动市场，成为圈层品牌的代表。

小茗同学："认真搞笑，低调冷泡"

小茗同学，是2015年3月统一集团推出的一款冷泡茶饮料，以"认真搞笑，低调冷泡"为品牌口号。产品以冷泡工艺，充分释放茶叶中的茶氨酸，使茶清爽甘甜不苦涩。而品牌形象很逗，用它的冷幽默令生活再也没有苦恼的特点，恰与冷泡茶的工艺口感一拍即合。这个售价5元有着4种口味的饮料，上市短短半年，已迅速在"95后"消费者市场中攻城略地，成为最受欢迎的饮料品牌之一，市场占有率达到2.4%。来自2015年第三方调研公司IRI的一份调查显示：小茗同学的品牌认知度已经超过30%。

热销，自然是有原因的，小茗同学的热销基因是锁定了圈层消费者"95后"族群，品牌命名和传播结合"小茗同学"的话题，创造了"认真搞笑，低调冷泡"的品牌形象，其呆萌、时尚的包装形象颠覆了大家对茶饮的印象，让冷泡茶这一品类获得了关注和热捧。当时，"鬼畜"这个词已经在网上流行，而小茗同学早已玩开了鬼畜风。李奥贝纳纯粹用微表情剪出来的又萌又贱又逗的广告赚足了大众的眼球，片中的微表情将于2015年11月在微信发布，而酷酷的“95后”消费者们已经开始自顾自玩了起来。来自小茗同学和秒拍刚刚联合推出的“认真点儿，我们搞笑呢”掀起了一场轰轰烈烈的模仿活动，一向让品牌主们觉得难以讨好的“95后”们丝毫不吝惜他们的热情，纷纷模仿小茗同学的鬼畜动作和表情，并和原片音乐无缝匹配，上传到秒拍分享。短短几天，已经有数百个视频上传。“魔性视频再次洗脑逗比界”，微博上一位不知名人士给出的这句评论可谓是一语中的。消费者们未必是在乎小茗同学的奖品，但是他们对品牌的支持却让人印象深刻。在这里，TVC已经不再是一条简单的广告片，而是成为一场运动的号召者。

然而我们不禁要问：为何小茗同学有如此魔力？其实，商品销量能够逆天，和锁定圈层消费者的呆萌文化密不可分。下面，我们就来看看小茗同学是如何在难以捉摸的圈层消费者“95后”中赢得战绩的。

◎ 把脉圈层，精准定位

中国市场上的茶饮料在2011年以后一直不温不火，对于“95后”来说，气泡饮料和VC水等功能饮料已基本满足了他们的需求。喝茶，听上去，既不时髦又不实惠。然而，2015年3月横空出世的小茗同学，短短数月，一举成为统一甚至饮料市场的销售冠军，瞬间横扫泛“95后”市场。人们此时方大跌眼镜，这居然是个蓝海市场。原来“95后”们不是不喝茶，只是没有被把准脉。

“推出小茗同学并非偶然，也不是一拍脑袋得到的灵感。”统一品牌的负责人说，“日本的Qoo果汁，今年在中国大热的小黄人，还有台湾的张君雅小妹妹，他们在本土市场的表现都非常出色，而根本卖点是品牌本身鲜明有趣的卡通形象。但是，在中国，很少有哪个饮料品牌的形象有那么鲜明的人性化”。

除了品牌调性不够鲜明人性化，现有市场上的饮料品牌早已趋于同质化，尤其是茶饮料，看上去包装统统五光十色，给消费者的感觉却并无太大的差异。基于此，2015年初，经过激烈的比稿，统一企业最终邀请李奥贝纳共同打造了一款针对“95后”的品牌——小茗同学。

◎ 独特创意：小茗同学的诞生

李奥贝纳一直坚持的Humankind创意哲学一言道尽精髓：在营销中，一切能起到影响的东西，都开始于且完成于两样东西：人和行为。

小明是一个在学生时代无处不在的名字。在各种应用题、算术题、英语对话、中文造句中，他家的水池总是很难灌满水，他经常要扶老奶奶过马路，经常和家里人一起分苹果……回忆起来，特别亲切。于是，借了同音的“茗”，李奥贝纳和统一将冷泡茶新品命名为“小茗同学”。显而易见，这个名字在心理上就首先贴近了消费者。

“我们不贩卖创意，只提供对营销有冲击力的创意解决方案。”上海李奥贝纳的一位资深创意负责人说。“该负责人又说：诚然，Humankind已经超乎一套创意工具。它更是一门营销哲学，从以人为本的洞察出发，再转换成独特有效的营销机会——从小茗同学案例可窥一二。我们受命做它的创意，但是我们没法成为‘95 后’，即使假装‘95 后’也有点勉强，唯有通过大量阅读有关的调研报告，走近这与众不同的群体，再作定位。举例说，小茗同学绝非卓别林或周星驰的‘搞笑’体系，小茗同学就是品牌专属的‘认真搞笑’，属性鲜明。”

“冷”是整个品牌沟通中的关键词。小茗同学的冷着眼于认真搞笑的冷幽默，如此统一的冷泡制茶工艺也与之呼应，两者的结合，于是诞生了“认真搞笑，低调冷泡”这句品牌标语。

在李奥贝纳出版的 *HumanKind* 一书中有这么一段话：“只有通过彻底地、竭力地去理解什么会是人们的行事动机，我们才能够创造去很多能够抓住他们注意力的创意点子，解决他们的问题，回应他们的需求，尊重他们的智商，克服他们的疑虑，从而最终影响他们的行为。”

◎ 渐进式传播，渗透式娱乐

这样一个全新的品牌，全新的市场，没有试水是不可能直接大规模投入的。2015 年 3 月，统一在自媒体上用一轮搞笑的海报开始预热。同时，在各大校园内开展了校园包装创意大赛，以及各种以“小茗同学”为主题的线下活动吸引校园消费者。紧接着，推出 7 月的宣传大戏——小茗同学独家冠名大型明星校园体验式真人秀节目《我去上学了》，在节目里各种深度植入；李奥贝纳又以正在悸动年龄的“95 后”为主题，打造了一支《小茗同学冷泡 NEW 上市》广告片，在东方卫视和爱奇艺双平台进行了传播。9月，鬼畜风微表情TVC上线；同时，小茗同学和秒拍合作，号召人们模仿小茗同学的鬼畜表情和动作，上传到秒拍，和原TVC无缝匹配，参与活动。小小的一个互动活动却掀起了消费者的模仿高潮和参与热度。

至此，小茗同学已经是统一品牌当之无愧的战略性明星产品。在社交网络上，它亦已成为毫无疑问的小网红。

“你若端着，我便无感。”“90后”们如是说。小茗同学这么一位有个性、形象亮眼的小伙伴，要去上学却不用考试，每天的任务就是负责认真地搞笑——这种看似简单却基于深度人性化洞察的创意，是打动消费者的关键。统一精准的娱乐营销是增加热度的推手。一样是砸钱，优信是否砸出销量我们不知道，但是小茗同学却真真正正赢得了“95后”少年们的心。

腾讯视频：在整体二次元圈层的深耕

提起二次元，大家更多想到的是宅、动漫、cosplay 等一些外在表现的内容。然而二次元人群以及熟知二次元文化的人都知道，二次元文化充满励志、热血。他们不仅仅是我们看到的年轻一代，其实“80 后”，甚至“70 后”也有属于他们自己的一个二次元梦想。国内的二次元消费者大概已达到 2.6 亿人的规模，但至今并没有专门的一档节目去带领大家了解并认识到二次元的人群，甚至一些节目在消费二次元文化，反而让更多的人更加不了解二次元文化。腾讯视频（企鹅影视）和络水传媒联合制作的中国首档针对二次元人群的高能达人秀《我爱二次元》，本着理解与尊重的态度，在整体二次元圈层进行深耕，是腾讯视频对二次元文化的开拓与探索。

◎ 年轻化与娱乐化齐飞，深耕二次元文化

作为国内顶尖的互联网企业，腾讯在即时通信、游戏开发、影视综艺自制方面都做得风生水起，并彰显出自己与时俱进，以用户

需求为出发的初衷。在二次元文化逐渐从亚文化走向网络主流文化时，腾讯从投资B站、腾讯动漫对国漫的支持，《全职高手》的制作开播，到现在《我爱二次元》综艺节目的整体布局，都表现出腾讯对于二次元人群与文化的理解与尊重，也希望能通过多层次多角度与二次元人群进行深层沟通，让品牌更显年轻化，更能形成一种文化的潮流。

腾讯以自身强大的用户基础，年轻化和娱乐化的标签式定位，使自己成为连接二次元和三次元的媒介桥梁，借助强大雄厚的综合实力为《我爱二次元》保驾护航。这也让节目还未上线，仅仅是预告片与节目海报，就已经让二次元群体嗨了起来。这一全新细分的品类定位与定向精准的传播，也让我们看到了腾讯视频在整体二次元圈层的深耕。

◎ 专业舞台支持梦想，凸显对二次元文化的尊重

因为尊重，所以专业。以往二次元 cosplay 的舞台，一直都没有获得过专业的舞美与舞台支持，都是这些爱好者们根据自己的理解去布置。腾讯视频本着尊重二次元文化的根本出发点，为二次元群体提供了一个专业的展示平台。通过深入了解二次元文化，将节目分为唱见、舞见、舞台党、不可描述四大才艺板块，其实就是对唱歌、跳舞、情景剧表演、创意演出等众多演绎类型提供了不同的专业舞台支持。

从现有节目的预告片中，我们不难看到部分选手的演唱过程，效果不输专业级的演唱。有了舞台专业收声设备的投入使用，给予

现场观众与屏幕前的观众同等震撼。以网络票选选出的“大王”辣酱老干妈，作为一名二次元知名歌手搭配一个好舞台与现场设备，让其音色浑厚有力，更显示出其个人高超的演唱技巧，瞬间俘获观众的耳朵。

舞蹈、情景剧演绎方面，现场灯光和LED大屏发挥出的极致效果，对参赛选手而言，自己的创作通过完美的硬件得以完美实现，在专业的舞台上酣畅淋漓，大快人心。对受众而言，由于节目对舞台作品的情景效果进行了一系列提前设计，呈现出深层的代入感，让舞台上选手的现场演绎与观看者的想象融为一体，引发共鸣。这一切都表现出腾讯视频与节目制作方对二次元人群及文化的尊重。

◎ 多维度共建二次元狂欢

在娱乐圈，喜欢二次元文化的明星有很多。二次元老司机陈赫、人气偶像孙艺洲等明星加盟腾讯视频《我爱二次元》，通过自身的光环效应，吸引自身粉丝关注节目，让节目的影响圈层进一步扩大。

四位队长包括骨灰级coser岚陵萧萧声、“古风之王”扶苏、宅男女神SNH48李艺彤和《中国好声音》灵魂唱将周深，他们在二次元领域内都是标杆式人物。虽然名气未必有其他明星大，但在圈内领域的专业度和取得的成绩还是有目共睹的。他们的存在，使得整个节目既丰富多彩又充满乐趣。四位二次元界大咖树立起的权威性，也让观众与二次元人群更加信服。

通常的二次元明星只是美型的coser，摆摆pose念念台本，对比起真正的艺人明星，无论是个人表演还是人气活跃度，都仍有不少的差距。国内顶尖制作团队运用三次元成熟工业标准对选手进行专业培训包装，帮助选手奉献殿堂级表演，为二次元偶像加冕。不管这些选手是入门级的，还是已经有了一些成熟的表演经验，登上这个二次元领域最专业的舞台，就是一个圆梦的过程，或者说是一个证明自身价值的过程。

对普通观众而言，在这个节目里，有帅哥美女可看，有童年动漫经典场景的重现，有热门游戏的舞台演绎，还能学到二次元的相关知识，可谓一举多得。对于看惯了那些同质化综艺节目的年轻观众，腾讯视频《我爱二次元》可谓一股清泉，也是观众重新认识这个世界的机会。通过节目带领大家去了解、领略亚文化圈层，了解这些平时潜伏在大家身边，却没有去发现的人。

◎ 有趣与有意义并存，凸显二次元正能量

当下，除去动漫和游戏本身，并没有一档节目可以承接动漫作品与现实，大家对儿时的记忆除了重温经典，别无他法。而腾讯视频《我爱二次元》的存在，可以让我们换种形式重温经典，并在拥有相同记忆的一群小伙伴中，可以肆意狂欢，亦可以切磋学习，感悟不同的青春梦想。

就如学音乐的孩子不会变坏，而喜欢二次元的年轻人也相对简单纯朴。大多数动画作品，都是在传播阳光积极的价值取向。当这些作品被二次元爱好者演绎或者改造时，其传达出来的正能量也可以得到普遍认可。这种内容的策划，完全符合广电总局“有意思”和“有意义”的导向要求。

另外，从事二次元表演或维持该兴趣的选手，在舞台上大多会分享自己的经历与故事，从节目本身延伸到个人的励志秀，这对节目的年轻受众来说，倒是一堂极好的人生教育课。如果这54队选手，本身都是二次元爱好者和表演者，又有着“二次元好故事”，那节目的真正着力点其实是“综艺带动二次元达人”，甚至可以说腾讯视频《我爱二次元》就是一场二次元达人的运动，每个二次元达人都可以视作个人IP，通过节目扩大IP的影响，将会突破三次元圈层观众对二次元达人的认知壁垒。

而本着理解与尊重二次元人群与文化，腾讯视频借助《我爱二次元》再一次在亚文化圈层与人群上进行深耕布局，引导人们更多地去关注到亚文化人群，让本来隐藏在人群深处、坚持不懈的二次元人群来到大众面前。腾讯视频通过综艺节目的形式将二次元文化直观地呈现在大家面前，带领大家一起突破二次元壁垒，领略一个励志、热血、拼搏的二次元。

碧桂园：十里银滩的圈层营销

房地产业内有一句话是“圈层对了，房就卖了”，其实就是利用圈子的概念，找到精准客户，实现高转化率。如何才能有序进行圈层营销的管理？如何真正实现圈层影响力向销售力的转化？不妨学学碧桂园圈层营销的优秀案例——十里银滩的圈层营销。

早在2012年2月下旬，碧桂园便动员公司员工全部参与项目销售。当时，社会销售力量还未被考虑进来，碧桂园主要依靠自身力量，而现在碧桂园所倡导的“全员营销”模式中，通过外拓圈层人士，用“口碑效应”锁定意向客户是其重要内容之一。外拓圈层人士的营销方式，即是将职业属性或收入待遇等方面差不多的社会人士会集到一起，展开针对性营销。一般来说，这部分人士不是碧桂园的主力客群，营销的目的在于力求最大化蓄客。碧桂园在各地打造的碧桂园学校，就是实现圈层营销的有力武器。如位于南京东碧桂园凤凰城的句容碧桂园学校，是从幼儿园到大学预科15年一贯的全日制国际学校，能够进入这所学校上学的学生在家庭背景上相近，只要坚持留学的想法，学校保证可以进入国外学校。有意向将孩子送到国外留学的家长，便是项目可以争取到的客户。此外，举办一些专业属性的讲座、特定人士参加的活动等等，都是碧桂园圈层营销的表现。在活动过程中，碧桂园的品牌形象一直贯穿始终，而对于处于同一个圈的客户来说，只要有一个客户被企业品牌感染，了解碧桂园旗下项目后有购房意向，就可能带动其周围原本没有兴趣的客户加入看房的热潮，这便是圈层营销所能实现的效果。

◎ 十里银滩区域营销分工及架构

碧桂园十里银滩的圈层营销主要按市场区域线分为十里银滩本部、深圳、香港、全省、全国几大板块，各市场区域团队有明确的分工，如行政类、策划类等。另设高端客户（别墅）拓展销售组，明确各大市场责任人与销售目标，全力以赴完成销售业务。

深圳区域团队除负责展厅及展点外，兼任“双百计划”，深挖深圳。

广东区域团队下设15个组，启动“百城千镇”银滩营销计划，以建立高端渠道、人脉关系、路演、投资研讨会、展销会及适量的广告等形式拓客，以每两周为周期，按照战略地图，地毯式扑克覆盖全广东较富裕的县（市）、区、镇。凡拓展及该区域成交的均算入广东区域业绩，广东区域的分组架构将在全广东洗客一遍后再视收效情况进行调整，计划在“五一”前完成首轮重点区域拓客。

其具体架构如下：一是十里银滩本部，包括产品及体验板块、策划板块、行政板块、人事板块、助理板块、市场研究模块，二是深圳市场，包括深圳展厅、“双百计划”；深圳销售拓展包括A组（罗湖区）、B组（罗湖区）、C组（福田区）、D组（福田区）、E组（南山区）、F组（盐田区）、G组（宝安区）、H组（龙岗区）。三是广东市场（深圳以外），包括：西线（拓展经理）包括佛山拓展一组、佛山拓展二组、中山拓展组、珠海江门拓展组、粤西拓展组；广州（拓展经理）包括广州拓展一组、广州拓展二组、广州拓展三组、粤北拓展组、肇庆云浮拓展组；东线包括惠州拓展一组、惠州拓展二组、东莞拓展一组、东莞拓展二组、粤东拓展组。四是香港市场，包括对接香港展厅、对接香港拓客。五是全国市场，包括对接北京展厅联动推广、对接东北联动推广、对接全国拓展或其他展厅。六是高端拓展销售，包括别墅A组和别墅B组。

为保证圈层拓展营销工作的有序开展，十里银滩进行了如下前期工作：一是制定双月圈层营销费用预算表，各拓展组根据工作计划安排，填写汇总提交。二是梳理最新流程，监控圈层营销费用的执行及汇总。三是与酒店、项目餐饮机构沟通，为收网工作提供便捷。四是成立专门的拓展工作服务小组，支撑大量的费用报销、活动费用支付等。五是成立专门数据管理部门，审核各拓展小组的圈层营销绩效考核，审核各拓展小组的圈层营销绩效考核。六是内部刊物《十里快讯》及时传递每周拓展的最新精神。

在团队管理方面，一是打造冠军团队，持续开展销售团队的培训与考核工作；二是奖勤罚懒，完善团队PK制度；三是优胜劣汰——通过常态化的招聘与竞争，打造精英团队。

◎ 全方位开拓圈层营销渠道

碧桂园开拓的圈层渠道包括洋房、高端、业主和媒体四个部分。洋房圈层渠道有百城千镇、“双百计划”和全国拓展；高端主要是“钻石会”高端体验管理组；业主渠道方面包括成立社策组，并开展专属服务与活动；媒体渠道方面主要是设立“媒体第二直播室”。

在实操层面，具体圈层营销工作包括划圈子、找渠道、抓领袖、搞活动、树品牌、开放式沟通六个方面的内容，如表 7－1 所示。

表 7－1　碧桂园十里银滩的具体圈层营销工作内容

事项	含义
划圈子	分析目标客户群的生活习惯、爱好等行为特征，针对特定客户群，有目的地进行营销活动
找渠道	这属于“窄道传播”策略。研究各圈层信息获得的渠道，针对细分的核心渠道来源进行营销推广
抓领袖	发挥“领袖效应”，利用核心人物建立良好人脉；强化信息传播，带动目标圈层自主扩大项目知名度
搞活动	针对不同圈层的生活模式、心理需求等特征，组织开展有针对性的活动
树品牌	令目标圈层对项目产生深度、良好的认同；在心灵上产生感性的、精神层次的认同
开放式沟	利用圈层之间的互动，进入下一主力圈层，既能维护原有圈层，又能开拓和扩大未来主力圈层

◎ 展开精准圈层营销

碧桂园的精准圈层营销包括以下九个方面，如表 7－2 所示。

表 7-2 碧桂园精准圈层营销策略

策略	实施情况
强强联合，资源共享	一是精准锁定，联合项目圈层厘定的具化人群，如银行 VIPV、车友会、各地商会。二是资源调用，以十里银滩酒店资源、项目自有滨海娱乐平台与其共享，进行资源整合、联谊活动、增值服务等，共同拓展客户，提升客户服务品质。 活动主题是中国移动高端客户滨海一日游，活动对象是中国移动高端客户 47 人。通过亲切交流、别墅体验、参观陪同、午宴一对一购买引导等方式提起客户的购买兴趣，让中国移动客户感觉十里银滩生活舒适、环境优美，这正是他们所需要的度假房。最终 47 名客户中，8 名进行了诚意登记，12 名客户进行了后期电话咨询，效果比较好
定向推介，精准营销	对相对集中的圈层客户进行定向推介，以联谊会、推介会的形式，实现目标客户的精准传播，同时便于针对性营销或一对一营销模式的开展。 活动主题是鸡尾酒文化节亚洲巡礼（中国站）——浪漫海景别墅比基尼派对，活动对象是深圳保时捷车友会会员 50 人。通过人脉资源，邀约保时捷俱乐部会员前往十里银滩进行一系列体验活动，包含 G65 钻石墅体验、样板房参观、沙滩活动、模特走秀、鸡尾酒助兴等形式，促成后续成交 1 套 770 万元别墅，而整个活动费用才 2 万多元，低成本收囊了 50 名高端精准意向客户
横向拓展，近伐远交	实施“百城千镇”计划，选取广东省内最有营销力的 100 个城市，分解拓展 1000 个集镇，将十里银滩品牌做到深圳深入人心。对拓展地客户全面、精准的传播、营销覆盖的基础上，通过对项目滨海资源的推广与营销，挖掘周边地市形成源源不断输送客源的渠道
广泛播种，重点培养	广东“百城千镇”拓展先锋队打造的“碧桂园十里银滩国际滨海度假体验之旅”尊贵专项推介会在全省同步进行。活动主题是碧桂园十里银滩国际滨海体验之旅。通过中山、东莞、深圳 3 地首发，举办圈层活动 157 场

续表

策略	实施情况
抢占市场，品质先行	一是抢占市场。深圳“双百计划”锁定重点目标市场，启动百家高端社区深拓、百强企业大客户拜访、以辐射效应作为有力铺垫，以“点—线—面”递进式地深度拓展，实现全面撒网。二是区域深拓、服务先行。尤其把握关键人物拓展，深入其内部圈层，直接面对终端客户，架构编外经纪人网络，开展“持续性”的圈层拓展活动
“5+1”展厅开拓，辐射全局	一是宏观布局，以区域划分根据地多点开发，罗湖旗舰展厅为核心，各展厅遥相呼应，做好接待服务，增设深圳区域业主巴发车点和车次（罗湖旗舰厅、宝安厅、南山厅、龙岗厅、福田展厅、巽寮湾和大小梅沙展厅）。二是以“服务体验式”移动展点打入深圳各高端社区，启动“类星巴克式”的“咖啡、茶点”接待服务，以接待服务“暖心展点”形象整合拓展社区内的各类圈层
业主资源是宝贵财富，促进二次成交	一是专门服务、用心维护。针对业主工作成立专门社策组，通过各种形式进行业主慰问，加强情感。二是团结资源、配套先行。以增强主动性、促进营销为主导，联合物业、酒店、社区商家等，深度渗透业主圈层，活动展示楼盘配套，从而促进销售
搭建媒体平台，深挖圈层资源	十里银滩平均每年都有巨额的媒体投放费用。以媒体人为突破口，开拓媒体背后庞大的社会关系资源的尝试。依托十里银滩项目现有资源，为媒体人士提供轻松活泼的沟通平台——媒体第二直播室
提供定制服务，高端体验制胜	筛选高端客户群体形成特殊圈层，设置钻石会特权，成立“钻石会”，依托项目现场钻石墅体及特色泰式养生馆，打造高端客户体验，针对拓客，成立系统高端体验管理组，设置体验管家、体验策划针对性地提供服务，收集客户信息，为别墅拓客提供协助

碧桂园十里银滩圈层营销工作全面开展以来，碧桂园金沙滩登岛人数超1000人，成交超400套。马来西亚投资团客户报团超500

人，登岛率40%以上，其中成交率高达35%。

◎ 其他亮点配合

碧桂园在十里银滩圈层营销工作中有两个亮点：一是首创滨海竞技运动会。与深圳都市频道资源打包合作，举办“水上竞技运动会”，将节目演播室直接搬到项目现场，可作为圈层拓展吸引客户的收网亮点。二是专业团队运维滨海水上娱乐项目。滨海项目沙滩和海洋资源是最大的卖点，引进专业俱乐部团队运营与课程教学，并为客户购置保险等，包揽圈层客户群，提供更多的娱乐。

深海八百米：锁定大众圈层，为品牌建立护城河

不转型是死，转型也很难，高端餐饮能够真正成功转型的并不多见。已经更名为“深海餐饮集团”的怡乡春竹，如何在历经九死一生之后，实现了多数高端餐企没有完成的向大众化餐饮转型的任务？总结起来，怡乡春竹的转型之路走过了三步：第一，从高端到中、低端；第二，推出新的海鲜自助品牌；第三，进军海鲜超市和海鲜社区店，从大店到小店。如今，其餐饮品牌涉及高、中、低档，“怡乡春竹”为中高端海鲜姿造，全国 28 家门店；“深海 800 米”为大众化海鲜自助，目前全国直营和加盟店 40 余家；“蒸汽时代”以海鲜蒸、煮食为主打，主要布局商业综合体，目前有 6 家店。

◎ 挖掘食材原味，引领高端火锅宴请潮流

来自“鱼米之乡”辽宁盘锦的孙志刚，从小对海边食物感情深厚，也一直希望挖掘海鲜食材的“原味保鲜”。2005 年，孙志刚如愿创办了主打高品质海鲜的火锅品牌“怡乡春竹”，采用一人一锅的

形式，由客人自选适合自己口味的食材及吃法。

在2005年至2012年的高端消费时代，“怡乡春竹”人均消费客单价高达400～1000元，开创了“海鲜姿造”新品类，引领海鲜生食+涮食的高端火锅宴请潮流。

七八年间，怡乡春竹从盘锦到天津、杭州、上海再到美国洛杉矶，门店接近30家，一直稳居大型海鲜餐饮行业的“领头羊”地位。

◎ 接连两次转型，走大众连锁品牌之路

从2012年底开始，中央“八项规定”出台，拉开了国内餐饮业转型升级的序幕。同时，餐饮消费主力军开始迭代，以“80后”“90后”为代表的“新中产阶级”开始主导餐饮消费市场，消费需求、消费形式以及消费场景向多元化发展。直接导致的结果，就是国内大多数高端餐饮企业开始走向没落。短短两三年间，曾经名噪一时的餐饮品牌，如湘鄂情、俏江南、净雅、怡乡春竹等都遭受到市场的冲击。

在市场倒逼之下，高端餐饮纷纷转型大众化，不少高端企业打出“亲民牌”，如降低餐标、调整菜单。但多数企业都面临着“船大难掉头”的困境，要想在短期内完成战略调整和经营突破并非易事，真正转型成功的寥寥无几。

怡乡春竹的转型，也是一波三折。“第一步，我们将一楼门店全部改成了自助餐，把人均消费降下来，勉强挡住了第一拨洗牌的冲击。”在此期间，孙志刚建立了自己的集采中心，负责公司门店的采

购、配送及相关加工业务，通过供应链端的建设来缓解部分压力。第二步就是对海鲜这一优势品类的市场再细分。行业的阵痛仍在持续，孙志刚只好进一步转型。2014 年启动全新的大众化海鲜自助品牌“深海 800 米”项目，先后在上海、北京的核心商圈开了 4 家门店。

将高端变低端，大店变小店，不断降低成本，通过走连锁化品牌经营的道路，才有可能取得成功。“深海 800 米”的转型探索获得阶段性的成功。

◎“钱”成为转型发展第二阶段的关键词

2015 年，原计划大刀阔斧推进“深海 800 米”在全国的布局时，孙志刚很快就感到了“钱”的掣肘。餐饮业本来是最不缺少现金流的行业，但因为深海前两年在供应链和新品牌研发上的大投入，加之利润率的下降，资金的沉淀明显缓慢。而且开新店的资金占用较大，想通过自有的沉淀资金迅速进行连锁扩张，实在是力不从心。

因为资金问题，发展计划未能如愿推进。孙志刚称在“忧虑”中度过了2015 年的大半年。其间，他也曾接触过餐饮众筹，但经过考量，他认为出让股权的合作方式不符合深海的发展定位。

就在孙志刚一筹莫展时，巧遇了现在非常重要的合作伙伴“筷来财”，创新的餐饮供应链金融，灵活地满足了深海的运营资金需求，顺利解决了深海的发展难题。

在合作的第一阶段，筷来财通过供应链金融服务，替深海向上游供应商“现结代付”货款，同时与深海约定一个 120 天的账期，等到120天后，深海再向筷来财平台用户支付对应的本金和收益。这样深海就完成了自身现金流的资金沉淀，解决了自身发展所需的资金问题。金融的杠杆应用，撬动了多方资源，实现了共享和多赢。

因为筷来财的服务是基于餐饮企业食材采购交易的需求，所以深海只要向供应商采购食材，交易完成后，就可以提出相应的“现结代付”申请，然后获得金融服务。

孙志刚称，这种服务的好处，除了能帮助沉淀资金、降低采购成本，更重要的是在于不出让股权，不被干涉经营，也没有增加餐厅的额外负债。

◎ 进军小店和商超，启动第三次转型

有了资金的帮助，到2016年11月，“深海800米”门店顺利发展到近40家，在地域上从北京、上海，延伸到江苏、重庆、深圳甚至是西双版纳等地。

孙志刚还将重点拓展新品牌——“蒸汽时代”，门店面积仅两三百平方米，主要布局在商业综合体内，以海鲜蒸、煮食为主打，在客单价上继续下沉至人均100元左右，符合当下的消费结构。未来深海的触角还将深入到社区，布局面积更小的门店，瞄准社区消费，依旧做人均百元的海鲜餐饮。

与此同时，深海的海鲜商超也在2016年第4季度开始起步。新京旅大厦5层，“深海800米”王府井店入口处，一个经营面积约800平方米的小型海鲜超市赫然在目。一些海鲜产品在此展示，这就是“深海800米”正在筹划中的“深海优选”美食体验中心。

"线上渠道目前已经初步完成，这里主要做展示和体验。"孙志刚称，深海餐饮自有的会员商城，以及在天猫、京东等平台上的官方旗舰店也即将上线，而接下来要做的"深海优选"海鲜超市，目的正是进一步挖掘供应链上的价值。

◎ 深挖供应链价值，为品牌建立护城河

孙志刚称，连锁发展离不开供应链的保障，尤其是对鲜活海产品而言。首先是统一采购，以及出品和配送的标准化。在这方面，公司的觉悟还比较早，2011 年就成立了集采中心，负责集团的采购、配送及加工业务。

在各项运营指标中，采购配送成本比重较大，成为各门店的"众矢之的"，并未真正发挥供应链的价值。传统采购只需考虑购买到物美价廉的原材料，降低采购成本，但供应链的环节复杂得多，还涉及提高运输效率、优化加工工序、降低库存成本、标准化餐品质量等。孙志刚在摸索中意识到，供应链建设不是单靠自己就能做好的，还需要整合各种资源，交给专业的人和企业来做。如今，深海集团的储存和运输与宇培集团合作，整合利用对方华东最大的冷冻仓库和冷链运输，采用先进的供应链管理系统操作，实现全程冷链仓库和运输。

同样，良性的资金链是供应链的核心支持。通过筷来财的供应链金融服务，缓解了公司资金占用的压力，降低了采购成本，保障了产品供应的品质和及时性，而对供应商"不欠款"，使得深海集团与 15 家主要供应商建立了良好的合作关系。这些供应商基本都是同

行业的翘楚，如顺鑫控股、祝泰供应链等。供应链本质上做的是流程上的优化，而不是在“制作成本”和“食材品质”上偷懒。好的供应链既要保证口味标准化和食材使用效率，也要保证产品能够满足顾客挑剔的口味。

2017 年，深海还将与筷来财等资方联合，探索更具创新性的金融服务模式，结合自身供应链的优势孵化中小海鲜餐饮企业。

深海八百米的成功实践说明，在连接、共享的时代，专业的合作是提高效率和事半功倍的可行路径。虽然现在餐饮不好做了，但把餐饮做大、做强还是可以做到的。

Lululemon：圈层品牌的代表

Lululemon 的中文译名叫“露露柠檬”，专做瑜伽运动服，非常具有圈层品牌的代表性，被誉为“加拿大第一专业运动品牌”。这个品牌靠做瑜伽服起家，主打女性圈层这个运动市场，在北美，它是人们进行瑜伽、健身等的高端运动服饰品牌，无论是大牌明星还是普通主妇，每人都以拥有一件露露柠檬的产品为荣。其品牌策略和市场策略应该说是成功的关键因素。

◎ 主攻专业女性瑜伽服市场这个细分领域

露露柠檬的理想顾客就像它描述的那样，是一位“32 岁，年收入 10 万美元的单身女性。她很忙，有自己的公寓，爱运动和时尚，每天会花上一个半小时锻炼”。这是为了带给设计师灵感，公司虚构了一个名叫 Ocean 的女性，同时也体现了露露柠檬的品牌定位，这是一种典型的圈层策略。

20 多岁至 30 多岁的女性越来越追捧“运动休闲风”，她们买打底裤的目的在于可以穿去健身房，去办事和去吃早午餐。瑜伽服装品牌露露柠檬短短几年时间就从众多体育服装品牌中脱颖而出，似乎已经不只是一个服装品牌，而演变为一种生活方式。在美国的上东区，露露柠檬的购物袋几乎随处可见。而且露露柠檬如今已俨然成为时尚的代名词。艾薇儿、波姬·小丝、凯特·温丝莱特等公众人物都穿露露柠檬，名人效应也让露露柠檬在北美的女性消费者中迅速风靡。

露露柠檬的成功归功于创办者 Chip Wilson，同时他也被业界认为是营销天才。1998 年，Chip Wilson 参加了一个瑜伽班。但他发现，大多数学员都穿着棉涤纶混纺织物做成的运动服，这种服装既不贴身，也不太排汗，甚至还会有尴尬的透视现象。于是，Chip Wilson 制作了一种黑色的女用瑜伽锻炼裤，这种裤子使用的纺织材料既透气又合身。很快，他在温哥华创立了露露柠檬公司，公司开设了一个小型设计室、零售店和瑜伽训练馆。

Chip Wilson 的方法是开创性的。在露露柠檬之前，零售商把男士健身服装的尺寸变小，再配上女性的色彩，就做成了女性健身服。行业称之为“改小和改粉”。Chip Wilson 认为，女性不想穿着不合身的 T 恤衫锻炼。

Chip Wilson 亲自负责设计、制作衣服，并根据在露露柠檬瑜伽馆里练瑜伽的人的反馈意见加以改进，在设计上尽量将各种身体形状考虑进去：例如，比较宽松的背心就会露出一个非常性感的带子，紧身背心比较长，这样配着瑜伽裤穿就可以遮一些臀部，更适合健身房外穿。最知名的是 Groove pants 和 Y－tank，独特、好看，再加上露露柠檬很普遍的“暗兜”“双面穿”和“夜晚闪”，马上就从科技、实用性和外观方面把剪裁单调的棉质瑜伽休闲产品比了下去。

产品的多样性有效避免了人们将露露柠檬定义为很有钱有闲的“瘦富美”才买的产品，但又利用街上广大的“瘦富美”做移动广告。由于从设计到用料都很不错，舒适有型也显身材，很多明星都爱穿。明星又是潮流的风向标，更加大了品牌的流行。

中产阶级时代的崛起就意味着商品丰富后，人们开始为基本功能之外的设计、品牌、社会属性、情感元素等事物埋单，在产品的设计和美观程度上有较大的提升，稍微高一些的价格对于普通中产阶级来说完全可以接受。设计感强烈的品牌，将会在各个领域涌现出来，这是由中产阶级的消费习惯和审美品位所决定的。露露柠檬的设计是品牌形象高端化的重要原因。

露露柠檬的定位很明确，定价较高，也很少打折，维护了品牌形象和利润。主力顾客是受过良好教育，有一定消费水平、追求健康和体形的中产阶层，这一阶层的消费者对价格不会太敏感。店铺都选在比较高档的社区和高品质的商场里，重质不重量。

◎ 价格 = 格调

市场研究公司 Think Equity Partners 的数据显示，露露柠檬的价位在运动品领域属于高端定位，一条该品牌的运动裤大概为 92 美元。而耐克的运动裤价格约为 60 美元，Under Armour 的产品也不过 70 美元。经济不景气的时候，服装最高端的品牌受到很大的影响，但露露柠檬尽管价格高，却属于时尚潮牌，和瑜伽等运动的流行也紧密相关，很多人买露露柠檬日常穿着，既显示了自身阶层的消费水准，跟高端服饰比价格又不是很高，所以定价有很大的优势。

露露柠檬卖的不仅是产品，更是宣传瑜伽、运动和健康的生活方式和精神，它的包装袋上就写满了各种各样的励志口号和生活态度标语。这样既避免了产品同质化，也树立了品牌。

露露柠檬还将瑜伽从瘦身运动转变为吸引众多人参与的集体活动。在曼哈顿的 Bryant 公园里，每周举办两次开放式瑜伽课程。每次大约有 400 名女性参加，这些参与者大多穿着露露柠檬品牌的瑜伽服装。露露柠檬还常年举办各种免费瑜伽、普拉提以及 SALSA 舞蹈练习班，普及健康运动的理念与方法。

◎ 利用平民的力量进行营销推广

不同于耐克、阿迪达斯等大公司花费上亿美元邀请体育明星拍摄广告、做活动，露露柠檬用了一种更草根的方式来吸引当地消费者。从 1998 年成立以来，该公司就制订了一个大使计划。“和本地的瑜伽高手联手是制胜的关键，”露露柠檬公司首席执行官 Christine Day 说。据 Christine Day 介绍，在进入一座新城市开店之前，露露柠檬会先和当地的瑜伽教练或者其他健身课程的教练接触，为这些教练提供一年的免费服装，而后者则担任露露柠檬的“形象大使”，他们不仅在学生面前穿着露露柠檬的服装，而且负责向公司提供有关设计方面的反馈意见。此外，他们还可以代销露露柠檬，并给予购买者一定的奖品：如提供免费的瑜伽课程，这样可以让顾客对品牌更忠诚，建立起一种“友情”，丰富品牌的体验，并提高光顾的频率。

露露柠檬市场营销部主管 Eric Peterson 表示："我们的大使穿着我们的服装，无论他们去哪里都能为我们进行宣传。"这种推广方式可谓简单而有效，这些品牌大使和他们所处社区的联系十分紧密，通过这种方式扩大品牌影响力更加有效。在这样的营销策略下，露露柠檬的宣传视频也是以普通消费者和瑜伽教练作为主角，他们相信，足够有格调的产品定位和已有消费者的影响力，可以让现有市场更加成熟。但对于新拓展的亚洲和欧洲市场，露露柠檬展开同样的招式效果如何还未可知。

◎ 在中国开拓市场

2014 年 9 月，露露柠檬宣布将在亚洲市场进行扩张，并以中国市场为扩张重点。中国作为露露柠檬扩张战略中的一步重棋，被给予很高的期待。现在，露露柠檬已经在中国连开了 3 间店铺，包括位于上海 IFC 国金中心店、静安嘉里中心店以及北京三里屯店，而其早前表示中国市场要达到美国 2 倍的规模。露露柠檬亚太地区品牌和社区主管 Amanda Casgar 说："中国接下来会是一个发展重心。中国的瑜伽风潮正逐渐兴起，你能看到一些瑜伽课程火爆，而人们也开始穿着瑜伽服和 Legging（打底裤）出门去吃一顿早中餐或者和朋友见面。"而这样的风潮，也使得露露柠檬这样的运动品牌有了打入休闲服饰市场的机会。Amanda Casgar 表示，品牌在穿戴的舒适度以及功能性上进行研发创新，在时尚度上亦有很高的追求。

曾有分析师指出，中国瑜伽市场的发展速度目前是美国的 3 倍，而这也意味着包括运动内衣、瑜伽服等周边产品的崛起。Adidas、Nike、UnderAmour、迪卡侬以及南极人、浪莎等传统品牌纷纷推出相关产品占领这一市场，而一些小而美的品牌也在努力挤入这一市场。相比之下，露露柠檬的消费群体定位于“新型中产阶级”，他们对于价格敏感度不高却更注重品质。品牌从女性瑜伽中的高端产品切入细分市场，推广其品牌倡导的生活方式来经营用户社区。这也是它没有市场部，从不打广告，从不请名人代言，而被称为北美商业神话的原因。露露柠檬并不只强调功能性，也在塑造一种生活方式，这种生活方式是品牌提倡的积极、阳光的生活状态，而这种生活方式被露露柠檬称作“sweatlife”，意思是“大汗淋漓的生活方式”。

从女性瑜伽中的高端产品切入细分市场，推广其品牌倡导的生活方式来经营用户社区。最初，露露柠檬品牌创始人 Chip Wilson 倚靠同教练合作的模式及赞助社区瑜伽课程，营造出一种社区、团体的气氛，在短时间内积累了大量粉丝，进而从众多运动品牌中脱颖而出。之后发展成为每到一个城市，品牌便会派出团队，去参与到当地瑜伽相关的活动中，发现并挖掘其中瑜伽领域的意见领袖，让其体验产品，并说服其作为“社区联系人”。露露柠檬将这些人称作“Ambassadors”（大使），由瑜伽老师或者学习瑜伽多年的学生组成，并利用空余时间在品牌 showroom（展厅）里教授瑜伽。因此，建立社区成为露露柠檬进入中国的第一步。亚太地区品牌和社区主管 Amanda Casgar表示，“通过 showroom 的形式，首先建立社区，让人们感知品牌，建立客户关系，从而融入当地市场，我们在上海和北京就是这么做的”。露露柠檬在选址时以城市人口密集度作为优先项，其次考虑租金和面积，对于内部的陈列和设计则由总部派团队支持。

落地品牌理念的具体做法，则是通过为顾客提供包括瑜伽、跑步的免费课程建立起社区，这成为品牌推广生活理念的载体。“选择进驻天猫，也是遵循这个逻辑。”Amanda Casgar 表示。露露柠檬以 showroom 的方式进入中国，但其没有像另一个对耐克、阿迪达斯构成威胁的 UnderAmour 那样请来明星大张旗鼓地为门店做营销，而是选择进驻天猫作为又一个开端。“天猫能够让更多消费者在家里就能体验露露柠檬，展示品牌文化”，她表示品牌进入中国的时间刚好，因为数字化、移动化在过去 5 年内迅速普及，相比一些进入国内市场较早的品牌被过去战略牵制的情况，品牌能够迅速推进线上线下的市场计划，从而落实集团战略。

除了较为普及的女性市场，露露柠檬五年计划战略中另一个重大的步骤便是拓展男性市场，并希望把男装收入最终提升至 40%，预计其规模将达到 10 亿美元。2013 年其宣布开设男装店，在天猫旗舰店上，男装类目下的产品将近 200 件，而女装类目下则有近 500 件产品。此前有分析师评论，男装线的增长能够帮助其同耐克、UnderAmour 这样的竞争对手竞争，而主打男性健身市场的 UnderAmour 也在拓展女装线并扩大其占比。Amanda Casgar 表示：“建立一个强大的供应链需要持续的投入，过去几年我们一直在做。”

第八章
圈层经济的圈层文化

圈层经济必有圈层文化。由于圈层文化的存在，导致越来越多的企业和个体在社交媒体上的行为呈现出“轻互动”的特点——不崇拜权威，不信奉学说，只关心自身圈层的内容和讨论。圈层文化的重要性是显而易见的。

圈层文化有多重要

圈层文化具有原创、活跃的特性，更迭速度极快，形成圈层效应；看似小众，实则不然，其发展已逐渐超越自身圈层，影响主流文化。因此，生活在任何一个地方的人，都需要选择自己应属的群体。不管是进入同好圈层、同乡圈层、同业圈层或亲友圈层，还是进入经济圈层、跨界圈层，你在不知不觉中都已属于他们中的一员时，就会真正感受到圈层文化的重要性。

◎ 圈层文化为什么流行

从远古来说，人本来就有群居的属性，这就为圈层文化的流行打下了坚实的基础。为什么古往今来，具有相同社会地位、兴趣爱好、经济能力、受教育背景的人总是喜欢待在一起，形成一个群体或者圈层？这就是圈层文化流行的原因所在。

这样一群人在一起，从心理上来讲，彼此会觉得舒服，开心；从沟通上来讲，大家有着共同的话题和相似的认知，沟通效率比较高；从实用主义来讲，彼此都会成为自己社会关系网的一个部分，在当今这个以人际交往为纽带的社会，自然会起到不少积极的作用。所以，圈层文化的流行是必然的。

◎ 文以立身：你能进入的只有属于你的那个圈层

人要想得到质的提升，唯有通过文化，这也是为什么同样是有钱人，有的人被称为贵族，而有的人只能被称为暴发户的原因。没有文化积淀的人是没有灵魂的，而一个没有文化作支撑的圈层也不能称之为圈层。

文化和商业，是圈层概念中最重要的两个方面，选圈层，除了选商业，还需要选文化。你的选择将决定你的圈层，你能进入的，也只有属于你的那一个圈层。

在进入这个圈层之前，你可能把自己当作一个局外人，以“临渊羡鱼”的状态前来“寻梦”，而一旦进入并融入，在“退而结网”中，你便收获了属于自己的“梦”。商界从来都是“快鱼吃慢鱼”，选择一个适合自己的圈层，有助于把握住未来。

◎ 圈层影响力巨大，成功需要圈层

国内的很多企业家、富人都喜欢选择在长江商学院、中欧国际工商学院、北大商学院等知名的MBA商学院进修，除实现自身综合素养的提升以外，更重要的是结识与自己身处同一圈层的高端人群。例如，阿里巴巴创始人马云、中国航空工业集团董事长林左鸣、复星集团董事长郭广昌、万科集团董事长王石和总裁郁亮、华谊兄弟

董事长王中军和万通控股董事长冯仑等业界大佬都是长江商学院校友。

再来看看罗斯柴尔德家族的例子。罗斯柴尔德家族发迹于19世纪初，其创始人梅耶·罗斯柴尔德和他的5个儿子建立了当时世界上最大的金融王国。在19世纪的欧洲，罗斯柴尔德几乎成了金钱和财富的代名词。鼎盛时期，欧洲大部分国家的政府几乎都曾向他们家族贷款，到了20世纪初的时候，世界的主要黄金市场也是由他们家族所控制，其家族资产至少超过了50万亿美元。可以说，这个家族建立的金融帝国影响了整个欧洲，乃至整个世界历史的发展。以罗斯柴尔德家族为中心的圈层是欧美最重要、最具影响力的圈层之一，它的辉煌是欧美近几百年来主宰世界的一个缩影。

欧美社会体制成熟，形成了各具特色的名流圈层，这些圈层的影响力巨大，对推动社会升级、优化社会道德作用显著。中国社会处于转型期，社会资源正在剧烈重组，圈层对中国的重要性是不言而喻的。圈层内各位精英名流相互交流看法、价值观，汲取精华为己所用，进而用自身力量影响世界。在世界各国，名流圈层掌握着社会的经济政治文化话语权，圈子的力量足以影响社会进程。

圈层文化在经济领域的作用

圈子里的组成成员相互依赖、互帮互助或彼此作用，从而对大家的日常生活、经济行为产生影响。因此，经济领域的人应该认知圈层对事业成长的这种重要作用，敏锐感知市场的分秒变化，客观接受社会分工的加速细化，并及时形成明确的价值观和属性，这对从事经济活动尤为重要。

◎ 圈层文化在经济领域的作用

圈层文化在经济领域的作用主要来源于两个方面：一是圈层文化本身的组成人群；二是围绕圈层群体的各项因素。

第一点是圈层文化本身的组成人群，特别是这个群体中一部分比较耀眼的人群。能够真正意识到自己处于一个积极健康的圈层，并且愿意花时间和精力去维护和推动圈层发展的人群，往往是圈层中的高端人群，也就是我们平时所说的高收入、高产出、高智商、高情商、高社会影响力的那部分人。而这部分高端人群聚集起来以后，就可能在大小行业中擦出新的火花，促进经济的发展。圈层文化的普及和发展是有可能带动各个行业飞速发展的。表现形式可能是推动企业间的战略合作，强强联手，并购重组、海外投资等；也可能在圈层人群中，彼此拓宽彼此的视野，挖掘更多、更好的发展机遇。现实中这样的例子比比皆是，像这样的高端圈层内的经济活动，往往既有经济效应，也有社会效应。

第二点是更为重要的一个因素。通常来说，围绕不同的圈层群体，会发展出一些特定的商业模式，创造出一些新的产品和服务。在这方面，吴晓波的观点是：未来几年的经济变化会从大众消费转向圈层消费，未来大部分的中小企业，将会为一个特定的人群提供服务。中国已经进入到了一个社群经济时代，有太多的价值观，所以在这种情况下，人群分割变得十分重要，因而产生了不同的圈层。很多行业和企业早已自觉或不自觉地深入圈层，打出了精准定位的牌，例如，重庆的《都市热报》，它是重庆人自己的纸媒，也针对单身男女这个圈层，搞定制相亲服务；房地产行业，一些高端定位的项目，除环境、容积率、配套之外，还打出了圈层文化的旗帜，让购房者愿意付出高代价买个“好圈层，好邻居”，为自己和家人谋求一个好的发展；早教行业，其实就是针对特定年龄阶段的学龄前幼儿量身定制的一系列早期教育服务；神州专车在多种红海产品中推出明星产品，将软件和硬件进行升级，为孕妇圈层提供独一无二的孕妇专车服务。这些例子都证实了吴晓波的观点。

◎ 圈层效应对企业的作用

明白了圈层文化在经济领域的作用，更需要弄明白圈层效应对企业的影响，因为企业是经济领域的主要实体。我们所说的圈层文化在经济领域的作用，其实就是在讲“圈层文化在企业经营中的作用”。

圈层效应就是圈层结构理论，最早由德国农业经济学家冯·杜能提出。其主要观点是，城市在区域经济发展中起主导作用，城市对区域经济的促进作用与空间距离成反比，区域经济的发展应以城市为中心，以圈层状的空间分布为特点逐步向外发展。以圈层效应来解读企业就会发现，企业应用圈层效应将会使企业之间相互激发出各自的潜力，助力企业迸发强大的生命力。圈层效应对企业的作用如表 8－1 所示。

表 8－1 圈层效应对企业的作用

事项	含义
盘活企业的力量源泉	每个领域都有属于自己的圈层，圈层不仅在个人生活中发挥着不可替代的作用，对于企业来说，它更是盘活自身活力、激发员工积极参与、提高企业竞争力的源泉。群聚着中美科技精英的中关村、硅谷，凭借其自身强大的向心力，不断地吸引着科技新秀的涌入，使得这些科技圈层中的企业发展得更加兴盛，影响力也更加深远。从某种意义上来说，这也印证了圈子效应在企业发展中扮演着越来越重要的角色
协同经济、资源共享	圈层效应具有协同经济的作用，可以更好地整合上下游企业和产业链的资源，实现资源共享和优化配置。一定程度上，还能节约所处圈子企业的人力、物力，使得企业发展更加科学化
激发企业的“鲶鱼效应”	聚集着诸多企业的写字楼，在无形中形成了一个又一个的圈层，圈层经济由此形成。而身处什么样的圈子，将决定一家企业成为什么样的企业。因为，圈层经济无时无刻不在释放着庞大的鲶鱼效应。而身处圈层里的企业莫不被这种效应驱动着，自始至终都保持着高度的活力和强大的竞争力

商圈大佬们的“文化热”

仔细观察我们就会发现，圈层经济已被各位大佬们玩出了花，西学、国学、文艺、运动、收藏、探险，一样不落。商圈里的这种“文化热”如今“温度”越来越高。老板们玩得得心应手，既显身价地位，又能赚钱。下面，我们就一起来看看这些商圈大佬们的“文化热”都有哪些玩法。

◎ 学儒学佛练太极

老板们的文化热，分为“西学派”和“国学派”。这两年，“西游取经”的不少。企业做大了，成了跨国企业，必须在更大的平台上学习领军之道。

“西学派”主要是“充电”。万科董事会主席王石 2010 年底去哈佛大学“充电”，选了“城市规划”“资本主义思想史”和“宗教如何影响资本主义思想”三门课，说是要“取西方之经，寻未来之路”，朋友说他回来后“变得更随和、更包容了”。王石在哈佛大学一年的游学生活并不像外界所想象的那样轻松随意，而是“总觉得时间不够用”。他感觉身处在一个“现代修道院”。“我住的地方很简单，旁边是一栋教堂式的建筑，顶尖是十字架，中世纪风格，就像一个修道院。不管在学校，还是在附近的星巴克，里面的学生都是一边吃一边看作业。这就是一个读书学习的地方。”王石表述该话题时说，“现代意义的大学是西方中世纪市民社会的产物，文化知识却源于统治意识形态的基督教修道院学校，初期的大学老师都是传教士或基督徒。但同修道院不同的是大学完全自治，享有高度自由，教者可以自由授课，学生自由选课，如果同所在政府发生矛盾，可以全校搬到其他地方继续办学”。

京东CEO刘强东近年先后到哈佛大学、哥伦比亚大学游学，游学归来后高管们觉得他变了，开会时不再很快发表意见，而是等大家说完再说。为了尽快融入哥伦比亚大学的学习和生活，也为了和同学们搞好关系，刘强东曾经毛遂自荐当了班长，负责班上的各种事务。

“西游”最用心的可能是携程网的梁建章，他13岁就开发了用电脑写诗的程序，20岁在美国拿到计算机科学硕士学位，在硅谷巨头甲骨文公司做到高管，后回国创办携程。携程成功上市后，他去斯坦福大学攻读经济学博士，一去6年，随后到北大执教，直到2013年3月，又重返困境中的携程，出任董事会主席兼CEO。

“国学派”中不少人学道家、练太极，这方面的例子比较多。例如，7天连锁酒店创办者郑南燕，推崇道家的无为而治，身边常带一本《道德经》，管理是“放羊式”。他说：“在一个好的制度里，人不会总做一些太烂的事。”

阿里巴巴的马云说：“佛家思想让你学会做人，儒家思想让你加强管理，而真正的领导力来自道家思想。”他拜了9位师父学太极拳，2013年与李连杰合开了“太极禅苑”。他认为：“人要活得长，要少动；要活得好，要多动。要活得又好又长，就要练太极拳，慢慢动。公司也是如此。我最欣赏太极中的定、随、舍三个字。定即看清趋势，镇定面对；随是自己有实力，才懂得怎么跟随别人；舍是看清自己，知道该要什么，放弃什么。”

在狂飙突进的中国体育产业化浪潮中，“功夫皇帝”李连杰试图完成对一门传统武术的产业化改造以及商业包装。继武术选手、电影明星、慈善基金发起人后，李连杰的最新身份是“太极禅”文化体育产业发起人。2011年，李连杰和阿里巴巴集团创始人马云一同注册了“太极禅国际文化发展有限公司”，此后便一头扎进了“太极禅”的商业模式摸索和文化品牌推广中。如果说登山已经逐渐变成万科集团董事局主席王石的重要形象符号，那么太极对于马云有着同样的意义。马云这位备受追捧的企业家喜欢在不同的场合展示他的太极招式，而且宣称要将太极的理念融入公司的治理中。

马云对太极的热爱也带动了商业圈一批大佬对这项传统武术的兴趣。复星集团CEO郭广昌每年在年会上表演太极已经成为保留节目。2010年复星集团还收购了一家太极养生馆，据说这是复星到目前为止唯一一个没有经过商业论证、不考虑投入产出的项目。郭广昌说“打太极身心都能够得到锻炼，所以喜欢”，并戏言马云“层次高”，“他是在用思想练，我是在用身体练”。其实他也想得很深：

“太极文化是道家文化的精髓。老子有句话，‘上善若水，水善利万物而不争’，这就是太极哲学。”并提出“中国动力嫁接全球资源”的概念，希望“像水一样对人人都有益”。

也有崇尚儒学的。海航集团董事局主席陈峰较早将儒学思想应用到管理中。他提出管理者要“为人之君”，有君子风度；“为人之亲”，待众生如儿女；“为人之师”，要求别人做到的自己先做到。这些都源自儒家思想。

方太集团总裁茅忠群曾到北京大学进修国学，在企业内部建“孔子堂”，从《三字经》讲到“治国平天下”，还将“仁义礼智信”写进公司章程。正如财经作家吴晓波曾经归纳的，“儒商情结”与“毛泽东情结”“红顶商人情结”一样，是中国企业家心中根深蒂固的东西。

海外不少企业家也向往当“儒商”。约翰·门泽在担任沃尔玛国际部总裁时，给自己取名“庄孟哲”。他非常推崇孔孟之道，并说沃尔玛的企业文化重视尊重个人，这和儒家思想中仁者爱人、以人为本的理念是一致的。

最有“国际范儿”的文化爱好可能是学佛。学佛的商人，人生境界自有不同。19 世纪朝鲜第一富商林尚沃一生信佛，去世前将全部家产捐给国家，并教育子孙“财物是招祸之门，遗产是斩身之刀”。至今，他的理念仍在影响着韩国企业。

乐善好施的华人富豪李嘉诚曾说：“我是学佛的，越做慈善，越有钱。”这也是悟透了财富的取舍之道。被称为“佛商”的福耀玻璃董事长曹德旺，办公桌上放了部《金刚经》。他多次慷慨捐款，说

“捐款是出于一种共享的心态”。

美国钻石商人罗奇格西学习佛学20多年，写过一本名为《当和尚遇到钻石》的书。他悟出的经营之道有三：一是赚钱，二是乐在其中，三是创造有意义的人生。借助佛家智慧，他将一个欠债5万美元的小公司，打造成了年收入1亿美元的大型企业。

◎ 既收获金钱又显地位

无论学佛、学儒还是学道，都是在投资头脑。而另一种文化生活——艺术品投资，则是既怡情养性，又能显示身价，还能赚钱。

2013年，胡润发布的富豪另类投资白皮书中称，中国富有人士投资艺术品的已达64%。不久前，《财富观察》在伦敦发表的报告称，从2008年到2012年，包括中国在内的新兴国家富豪购买包括艺术品在内的奢侈品的开支，每年增长超过22%。从2013年到2017年，各国富豪们用于购买艺术品等奢侈品的开支将每年增长超过10%，而购买名画几乎成为超级富豪们的必然动作。

美国老牌艺术杂志《艺术新闻》发布的2013年全球收藏家排行榜上，前10名全是各国富商。第一名是法国著名奢侈品企业LVMH集团的CEO阿诺特夫妇，其余富商还有美国的银行业投资家布莱克夫妇、退休地产商布罗德夫妇、沃尔玛集团CEO爱丽丝·沃顿、中国台湾的投资家陈泰铭等。

许多人出手阔绰，例如，美国对冲基金经理人科恩夫妇2013年买毕加索名画《梦》，花了1.55亿美元；卡塔尔萨尼家族的马雅莎，2012年以2.5亿美元买下保罗·塞尚的名作《玩纸牌者》。

这些人的藏品也很惊人，希腊船王之子尼阿乔斯藏品总价值超过20亿美元，罗纳德·劳德和他的哥哥、化妆品企业雅诗兰黛继承人雷纳德·劳德都痴迷艺术，后者在2013年向纽约大都会艺术博物馆捐出了价值10亿美元的藏品。而法国PPR集团的掌门人皮诺特是法国第五大富豪，为放他收藏的当代艺术品，在意大利威尼斯建了一个艺术馆。

从榜单上看，欧美富商仍是艺术品投资的主力。不过，这份总共200人的名单里，也有17位亚洲藏家，包括中国内地5人、中国香港1人、中国台湾2人。香港藏家刘銮雄靠股市和商铺起家，从事收藏近30年，一些藏品曾创下拍卖纪录。

有些藏家作为商人的知名度并非特别高，如北京藏家杨斌，主业是销售高端汽车，还开了个画廊。另一位藏家是现代传播集团董事长邵忠，他将一份老牌的英国艺术报纸引入中国，出版中文版。上海藏家乔志斌则主要经营娱乐业。

连续两年上榜的刘益谦夫妇，则不无争议。刘益谦2012年在上海创立龙美术馆，是国内收藏实力最雄厚的民营美术馆，但他也被认为没有艺术鉴赏力，花的都是冤枉钱。2013年9月，他在拍卖中以5000多万元人民币购得苏轼的《功甫帖》，但很快受到上海博物馆3位研究员的质疑，认为这是伪品。这一争议至今无定论。

还有些中国老板，投资艺术品只是为避税。一位会计业内人士说："企业的艺术品投资应当怎样入账，现行的会计准则里并没有规定。因此，一些企业把购买的艺术品列入'固定资产'科目，每年都有折旧，可拉低企业总资产价值，减少其利润，少交所得税。"例如，某企业用1亿元购艺术品，其“使用年限”为5年，每年折旧费2000万元，按25%的税率计算，每年可少交500万元税款。

◎“玩命锻炼”也是文化

有一些企业家，他们热衷于文化只是为了开心。其中，不少人都是体育迷。例如，联想集团的柳传志是高尔夫球迷，曾说“钱挣得够打高尔夫球就行了”。郭广昌上大学时，曾经和同学一起从上海骑自行车到海南旅行。

曾两次登上珠峰的王石则说过，“登山是我的一种生活状态”，让他获得了“在事业上无法得到的满足”。万科集团的总裁郁亮、中坤集团的董事长黄怒波也曾成功登顶珠峰。黄怒波2010年从南峰登顶时，曾坐在雪地中朗诵自己写的《珠峰颂》，高喊“我祝愿我的灵魂永远干净，我希望我的世界永远温情”。

其实，“玩命锻炼”还真是一种流行的商界文化。这在硅谷特别明显。那些高科技公司的老板们喜欢骑自行车、长跑、划船、登山、冲浪等各种高强度的运动，高尔夫反而没有市场。

有人分析，上一代的老板们统治的是以制造业为基础的蓝领世界，不少老板自己年轻时干过粗活吃过苦，有了钱不愿再满头大汗，高尔夫就成了时尚。新一代高科技公司的老板们则成天坐在电脑前，费的是脑力，为了保持大脑活跃，就需要多运动。

甲骨文公司的CEO埃里森生性争强好胜，爱飙车，爱开飞机，曾在夏威夷冲浪时摔断了骨头。他最喜欢的是玩帆船，曾在2010年夺得美洲杯帆船赛冠军。他说：“在商业社会打拼与海洋上的风浪搏斗同样刺激。我航海时会四处乱看，有人想较量一下吗?”

在迪斯尼公司当过高管又出任保健品企业康宝莱CEO的迈克尔·约翰逊玩得更刺激，有近20年的“铁人三项”运动经历，得过洛杉矶的“铁人三项”比赛冠军。他靠充沛的体力，把企业带出困境，还曾被美国媒体评为全美最佳CEO。

当然，也有“玩命锻炼”玩出事的。2009年，德国电信亚洲区首席执行官卡尔文·李在新加坡参加铁人三项比赛时溺水身亡。2012年，原英特尔公司副总裁简睿杰在非洲坦桑尼亚攀登乞力马扎罗山时意外去世。他曾是英特尔中国区第一任总裁，其离世曾让中国同行不胜唏嘘。

还有些老板是“文艺派”。小米手机的创始人雷军喜欢南唐后主李煜的词，曾将公司供加班员工使用的淋浴房称为“雨霖铃”。“QQ之父”马化腾喜欢天文，中学时曾哀求父母买个天文望远镜被拒，他在日记中写道：“这可能扼杀了一个天文学家。”如今，马化腾仍爱看天文杂志，腾讯董事会还曾送给他一台天文望远镜模型作为礼物。

网易创始人丁磊则爱做音乐，年轻时的理想是开唱片公司。他甚至推出了个人音乐视频，与台湾明星林志玲合唱一曲。他在网易云音乐产品主页签名时写道：“做音乐是为了灵魂的沟通和对话。”

而硅谷资深风险投资家霍罗威茨也是个音乐爱好者，他在自己的个人博客上推出商务课程，吸引了大批科技读者。每门课程开始前，他都会先放一段相应的说唱音乐，用歌词来诠释某种管理学理念。

对老板们的文化热，有人说可以提升其素养，让企业有更长久的生命力。也有人说他们附庸风雅，缺乏基本素养，只是想把自己和下一代包装成贵族。但一位民营企业老板说得也坦率：“我把钱花在买字画上，总比去欧洲买奢侈品好一点。我是不懂，但我先存着，我的下一代会懂的。”

第九章

顶级商圈：揭秘商业大佬的圈层经济

“圈子”所形成的聚合能量不容忽视，尤其是商业大佬的“圈子”，举手投足之间，便可能决定企业生死甚至是行业走向。华夏同学会、泰山会、中国企业家俱乐部、江南会、正和岛、SEE生态协会都是顶级的商圈。

华夏同学会——商学院中的商学院

华夏同学会是一个低调而略显神秘的组织，由曾经就读长江商学院和中欧商学院 CEO 班的大佬们组成。北大中国经济研究中心某教授说："在偌大的人际关系网络中，'学友'及'校友'这层关系显得特别又有趣。当你有着某种名校的血统，自然而然地加入了名校俱乐部的功利网络之中，便掌握起某些重要的社会资源。"因此，华夏同学会的每一位成员在加入之后，就拥有了更多跨行业的资深而优质的资源。在华夏同学会，同学们"听到的是从没对媒体公开的故事"。正如一位业内人士所言："华夏同学会是商学院中的商学院。"

◎ 华夏同学会的组织由来

华夏同学会，对外界来说是个神秘的组织，不见报于媒体，不张扬于商界活动。华夏同学会的成立得益于长江商学院与中欧商学院最初开设的 CEO 班。2005 年，中欧商学院与哈佛大学、西班牙

IESE 商学院在全国推出了为期四周的 CEO 班，前两届 CEO 班的近 60 名学员包括了蒙牛集团董事长牛根生、TCL 总裁李东生、百联总裁王宗南、红豆集团董事长周海江、万通董事局主席冯仑、汇源果汁董事长朱新礼、博时基金总裁肖风、建业集团董事长胡葆森、奥康集团总裁王振滔等多名国内商界的精英。

不过，华夏同学会并不是商学院，它是长江商学院和中欧商学院的“后代”。一部分同学上过长江商学院的课，一部分上过中欧商学院的课，还有的人两者都报名学习过。于是这些互相认识的同学就自由组织，形成了今天所看到的华夏同学会。

华夏同学会的成员包括万通集团冯仑、中国宽带基金田溯宁、蒙牛牛根生、TCL 李东生、汇源果汁朱新礼、阿里巴巴马云、腾讯马化腾、联想柳传志等。

◎ 华夏同学会的聚会形式

华夏同学会一年聚会两次，每次活动由其中一个同学承办。万通集团的冯仑是华夏同学会的积极发起人，曾于 2009 年 4 月承办了第十二次同学聚会，为期两天，新希望集团董事长刘永好、青岛啤酒董事长金志国、中信证券董事长王东明、迈瑞公司董事长徐航以及新浪曹国伟等 20 多个同学都以特邀嘉宾身份参加。冯仑曾说，坐在华夏同学会的聚会现场，探讨的问题比所有媒体、商学院讲得都要深，而这也是华夏同学会的初衷。2009 年 10 月他参与了华夏同学会的深圳活动，听比亚迪老板王传福、腾讯马化腾等讲故事、做评论，十分精彩。他对此感触很深：“以前好比去电影院观赏大片了，这里是实实在在地听制片人介绍如何制作大片。”新浪 CEO 曹国伟也到华夏同学会讲过 MBO 的背后故事，其中诸多内容，媒体记者求索而不得。每次华夏同学会聚会，开场就由两个企业家来讲故事，然后大家自由讨论。这是典型的商业课堂，沿袭了商学院的风格。

2013 年正好轮到了马云。2013 年 3 月 22 日这一天，在杭州湿热的马路上缓慢行驶着一辆中国最贵的大巴。说这辆大巴最贵，不是因为车型品牌，而是坐在车上的乘客身家累加超过了百亿，他们包括：王健林、马化腾、马云、李彦宏、郭广昌、冯仑、刘永好、曹国伟、李东生、古永锵、江南春、马明哲等企业家。而招呼他们的“售票员”，正是此前成功回购雅虎股权的阿里巴巴集团董事长马云。

大巴正在从位于杭州滨江区的阿里巴巴大厦，向 17 公里外的淘宝创业大厦驶去。这辆车上的所有乘客，都是华夏同学会的成员，成员之间会轮流做东请其他人参观自己的企业。这一年，华夏同学会的东道主轮到了马云，因此，杭州阿里巴巴就成了此次同学会的主办场。

这一天，马云极为忙碌。一周之前，阿里巴巴集团刚刚宣布了陆兆禧接任新 CEO 的消息。这次任命，也是马云的有意安排，他渴望退休，也给了陆兆禧极大的肯定，但没想到，刚过一周，自己又得“忙”了。马云把本次同学会的主持工作交给了王兵。王兵是爱佑华夏慈善基金会的理事长，也是华夏同学会的成员。

这一天，马云把同学会共分为三个环节、三个会场。上午在滨江区的阿里巴巴大厦举行，这座大厦在 2009 年投入使用，目前还主要是阿里巴巴 B2B 事业部的办公场所，而在阿里巴巴 B2B 私有化之后，这座大楼还包括阿里云等部门，最多能容纳 2 万名员工。向窗外望去，隔壁是网易的丁磊在杭州兴建的办公大楼。

上午的主讲人是阿里巴巴集团首席战略官曾鸣。在众多名企业家面前，曾鸣以一个幽默的玩笑开场，他主要梳理了阿里巴巴过去 10 年来的发展，以及对 C2B 等未来电商业态的探讨。此外，他还将更大的比重放到了阿里巴巴文化建设以及团队管理上。这也是一个互动的交流。李彦宏就在上午提出了问题，他的疑惑点在，阿里巴巴是怎样管理超过 2 万人的企业的。而国内互联网三大巨头的另一位主角马化腾，则并没有提问。

下午的活动则在西湖区华星路的淘宝创业大厦。在创业大厦，淘宝经历了与 eBay 抗衡、淘宝分拆、“双十一”当天销售额达 191 亿元的 3 个不同阶段。下午的主讲人有 3 人，分别是彭蕾、陆兆禧和逍遥子。作为阿里的“十八罗汉”，以及最早在十八人中被提干的四人之一（另三人是马云、孙彤宇与张英，张英也是马云的爱人），彭蕾此前刚被任命为阿里金融小微集团的 CEO，她所讲的话题，自然也与互联网金融相关。国内知名民营企业家鲁冠球之子、万向集团总裁鲁伟鼎，在这场活动上问了许多关于信用支付、阿里怎么与银行合作的问题。而刚任阿里巴巴集团 CEO 的陆兆禧以及天猫负责人逍遥子的演讲内容，则自然离不开淘宝。

全天的主讲环节结束后，此次聚会也进入了一天当中最自由、畅快的环节——封闭晚宴。

有业内人士表示，马云的意图是让大佬们亲眼见证电商热火朝天的氛围，让他们感受电子商务的凶猛。也有业内人士认为，之前马云提到将投资千亿打造智能物流网，这次把互联网上的巨头都请来，是希望有钱的出钱，有力的出力，有资源的出资源，一起做大。

泰山会——成员之间的相互帮扶

泰山会成立于1994年，全名“泰山产业研究院”，会聚了段永基、冯仑、卢志强、史玉柱、柳传志、李彦宏等江湖大佬，并且每年只发展一个会员单位。20世纪90年代，在史玉柱面临着巨人大厦烂尾、巨人电脑因非法预装微软公司软件而被起诉之时，泰山会尤其是同为会员的段永基向史玉柱伸出援手，支持其依靠脑白金东山再起。2003年末，段永基所在的四通集团以12亿元收购脑白金。2007年，史玉柱复出，其临时将新闻发布会改在泰山会进行，称泰山会是其能够复出的重要条件。

◎ 泰山会发展历程

泰山会成立于1993年，由于成立大会在山东召开，遂取名“泰山”。泰山会挂靠于中国民营科技实业家协会（简称“中民协”），中民协现任副秘书长朱希铎曾任四通集团副总裁。泰山会自成立以来，会员几乎没有变过。此外，会员们也认为，“五岳至尊”的泰山寓意一种高度，以泰山取名，也代表着中国民营企业家的高度。

追溯泰山会的历史，最初只是一个“四人小组”。四人分别是：陈春先，中国硅谷第一人，1980 年下海成立北京等离子体学会先进技术发展服务部；陈庆振，1983 年成立科海公司，中国电脑买卖第一人；段永基，四通集团董事长，中关村元老；王洪德，京海集团董事长，中关村元老。

1984—1987 年，一批科技企业成长起来，其中包括联想、方正、紫光等。它们的领军人物也开始加入这个小组。小组很快扩展到六七人、十几人直至几十人。小会议室容不下了，就找大会议室，直到大的会议室也容纳不下，成立一个正规组织的想法开始萌生。而且，这个团体的影响力也引起了政府的关注。

1987 年，在国家科委的牵头下，成立了“北京民营科技实业家协会”，此后，全国更多的民营科技企业参与到这个团队，遂改名为“中国民营科技实业家协会”。这一年，协会第一任秘书长便是挂职国家科委的华怡芳。

华怡芳是泰山会发展中无法避开的人物，是泰山会的奠基人。他的父亲华岗，是中国老一辈革命家。而华怡芳本人一直都在辅助别人做事，人脉关系极广，人缘很好。华怡芳和民营企业家们的交情一定程度上也缘于他的思想意识超前，一直主张在市场经济下建立平等的经济秩序，并为民营经济的发展鼓与呼。譬如，“泰山会”成立后，华怡芳成立了《泰山通讯》，虽然只是一本内刊，但反映了很多经济上的超前讨论，也有一些政治主张，这些内容在当时还是比较敏感。柳传志和段永基等成员对此也有所担心。但是，这个讨论平台进一步树立起了“泰山”的威信。2005年华怡芳去世，失去核心人物的泰山产业研究院改名为泰山会。之后，泰山会的组织形式更加私人化，人数缩减为现有的16人，成为一个真正意义上的单纯的企业家私人交流的圈子。在华怡芳去世四周年后的2009年，中民协还为他组织了一次追思会。国家科委原副主任吴明瑜评价华怡芳：“他和民营企业家们不是一般的私交。那是生死之交。”

2013年11月中旬，中国台湾媒体报道，泰山会成员，个个名列大陆百大富豪，所拥有的事业总资产比台湾地方政府总预算还多好几倍，掌握的财富超过十兆新台币（1新台币约合0.2元人民币），事业版图横跨高科技、地产、金融、娱乐各产业，对中国甚至全世界经济都有呼风唤雨的影响力。

◎ 泰山会与史玉柱

泰山会一直沿袭着较为紧密的圈内关系。在私交基础上，泰山会总能爆发出市场之外的能量。其“救死扶伤”的功能，最经典的案例就是史玉柱了。

国家科委原副主任吴明瑜清晰地记得：“当年史玉柱要在珠海盖楼，协会成员是不赞成的。此后，东窗事发，巨人集团受到很大的打击。大家都想着怎么样帮助他。”时任中民协秘书长、泰山会长的华怡芳亲自找到在职的吴明瑜，探讨“怎么拯救史玉柱”，他还“到处找关系，想办法”。

长城企业战略发展研究所一位不愿透露姓名的资深人士表示：“巨人集团倒塌之时，段永基帮了史玉柱一把，后来还支持史玉柱从脑白金重振雄风，并且获得新生。”2004 年 1 月，四通控股更是花 12 亿元买下脑白金，并给了史玉柱 20% 多的四通控股的股权。段永基和史玉柱是在 1993 年认识的，当年“泰山”刚刚成立，两人同为会员。

2007 年，史玉柱东山再起后，来京邀请好友组织座谈会，会上口口声声感谢“泰山会”。泰山会的发起人之一，四通集团董事长段永基专门赶来为史玉柱做主持。史玉柱显然把“泰山会”当成了自己的娘家。一旦翻身，首先要向娘家人汇报。在这场名为“战胜挫折，走向成功”的座谈会上，史玉柱说，在他低谷的时候，“泰山”始终给了他很大的精神帮助和重新创业的经验，“这是我能够复出的重要条件”。这位中国企业家群体中最敢赌的人，即使在最艰难的几年里，每年也都坚持参加泰山会的例会。

当然，帮扶是相互的。譬如，史玉柱也为四通从 IT 电子改为做保健品的转型不遗余力，曾表示“出任四通 CEO，年薪只收一元”。

中国企业家俱乐部——最考验人品，加入须经全员同意

中国企业家俱乐部是中国颇具影响力的商业领袖组织，于2006年由31位中国商业领袖、经济学家和外交家发起成立。作为民间的非营利性机构，中国企业家俱乐部弘扬商业正气，以推动企业家精神社会化、推动经济及社会的可持续发展为机构使命。

◎ 中国企业家俱乐部的入会标准

中国企业家俱乐部的成员均是中国市场经济的代表人物，他们深谙并遵循市场规律来获得商业成功；俱乐部成员所领导的企业均是各行业的领先者，在绿色转型和探索新商业模式上堪称中国市场型公司的典范；这些企业具备强大的发展动力，53位理事所领导的企业年营业收入合计超过3万亿元人民币，合计资产总额达到9万亿元人民币，员工总人数达130万人。正因为如此，企业家加入俱乐部有一系列的标准。

中国企业家俱乐部的加入标准大体上分为软、硬两个标准：硬指标主要是看企业的体量和规模，具体要么看它的销售额，要么看它的行业排位，二选一。销售额一般是千亿级，行业排名必须是前三。软指标包括这位企业家要是创业第一代，要有具特色的管理思想和经营理念，这些理念被业界认可，还要有一些公益慈善记录等。

最后一道流程是53位理事全部参加投票，无一人反对才能同意其加入俱乐部，这也相当于大家对其为人、口碑做出了综合评价。每一个企业家加入，都会有一个入会仪式，这个仪式一般都在每年4月的理事大会上举行。理事会的举办地点没有固定的场所，每年换一个省。对于企业家来讲，最缺的是时间，而他们对这个平台最大的贡献是舍得花时间。对入会企业家只做一个规定，就是每年的理事大会必须参加，其他活动自愿参加。每年俱乐部的核心活动大概20个，平均下来大家的出席率约50%，这是一个非常高的比例。

◎ 中国企业家俱乐部的社会责任

从2008年开始，中国企业家俱乐部开始系统性地开展公益行动，从地震赈灾，到发出拒吃鱼翅、保护水资源和植树减排等公益倡议，中国民营企业家群体正用自己的声音和行动影响社会。2007年成立的公益项目“中国绿公司”，也在推动商业可持续发展方面发挥着越来越大的影响力。

一是保护鲨鱼，拒吃鱼翅。“保护鲨鱼，拒吃鱼翅”的公益倡议于2009年由中国企业家俱乐部、阿拉善SEE生态协会、中城联盟、野生救援WildAid等机构联合发起，旨在推动减少鱼翅的消费，从而保护鲨鱼的种群数量，保护海洋生态系统，同时保护人体健康。

倡议首发即有数百位企业家签字承诺拒吃鱼翅，四年来此公益倡议持续发酵，传播日益深远，引起了全社会的广泛响应。

二是善水行动。“善水行动”于2011年由中国企业家俱乐部发起，世界自然基金会（WWF）和大自然保护协会（TNC）等机构联合发起。基于“善待水，就是善待生命”的价值理念，向企业界及公众发起节水、减污，保护水资源的倡议，并推动企业实施科学的水管理方案，为改善水资源环境做出努力。

三是树绿家园。“树绿家园”公益倡议于2010年，由中国企业家俱乐部、宝马集团、阿里巴巴集团、壹基金、阿拉善SEE生态协会、中城联盟、大自然保护协会（TNC）、中国绿化基金会等八家机构联合发起。该项目期望推动企业通过植树抵消在生产、运营过程中产生的碳排放，并引领公众群体的广泛参与，以应对全球气候变化。自2010年起，由中国企业家俱乐部主办的商业可持续高峰论坛“中国绿公司年会”率先并持续成为碳中和会议。

四是赈灾行动。中国企业家俱乐部联合阿拉善SEE生态协会、中城联盟、2005委员会、亚布力论坛等多家企业家组织，先后为2008年汶川地震、2009年玉树地震和2012年雅安地震开展赈灾行动，发动成员企业捐款捐物，为灾区应急和重建做出了应有的贡献。在雅安地震期间，成员企业共捐助财物价值过亿元人民币。

五是中国绿公司。中国绿公司项目由中国企业家俱乐部于2007年发起，旨在推动经济和社会的可持续发展。项目主体包括：商业可持续高峰论坛“中国绿公司年会”、评价企业可持续竞争力的“中国绿公司百强”评选，以及致力于帮助企业建立并保持可持续商业竞争力的价值分享平台“中国绿公司联盟”。2009 年，项目对绿公司给出了明确定义，即“通过打造良性生态赢得可持续竞争力的公司”。

◎ 中国企业家俱乐部的品牌活动

一是中国绿公司年会。中国绿公司年会由中国企业家俱乐部主办，致力于推动经济的合理及长远增长。年会创立于 2008 年，于每年 4 月 22 日世界地球日举办，每年有超过 800 位全球富有远见、最具变革力的商业领袖、政界要员、学界权威、非政府组织代表和主流媒体人出席。中国绿公司年会已被公认为中国经济可持续发展领域最具影响力的商业论坛。

2017 年 4 月 23 日，2017 中国绿公司年会全体会议在郑州国际会展中心举行，在 30 多场高密度、大容量的活动中，千余名与会者围绕年会主题“分化与进化：寻找经济新动能”，共同探讨了中国经济如何实现可持续发展的话题。马云在年会上表示，绿公司年会经过 10 年发展，要提出一个重要议题，就是“构建新型政商关系”，并将这个主题“加载”为绿公司年会的永久性主题。马云和其商界“天团”小伙伴等一起围绕“寻找经济新动能”发表看法。新希望集团董事长刘永好就如何做好混合所有制改革发表演讲，他提出，在这个过程中参与者要拥有“四颗心”：一颗勇敢而开放的心、一颗实业报国心、一颗责任心以及一颗热情而干净的心。华大基因董事长汪建认为，新的目标一定会激发新的动能，发展是硬道理，但要考虑如何科学发展，如何绿色发展。此外，中国民生银行股份有限公司董事长洪崎围绕发展新金融、链家集团董事长左晖围绕房地产等话题亮出观点。

二是中国企业家高尔夫球队。中国企业家高尔夫球队由中国企业家俱乐部于 2007 年 5 月发起成立，球队以高端、纯粹为核心定位，以高附加值为特色，目前已成为国内最具代表性、最具影响力的企业家高尔夫球队。球队现拥有企业家队员逾百名，由柳传志担任荣誉队长，牛根生担任联席队长，南、北两队队长分别由王均豪、张醒生担任。联队每年举办高品质的赛事，并通过主题沙龙、队员企业访问体现出互动、合作的附加价值。

2017 年 5 月 31 日，中国企业家高尔夫球队在上海举行了 10 周年系列活动。一个因为爱好高尔夫而走到一起的企业家球队，逐渐有了规章制度、行为规范，这些纪律不断丰满着这支“最具风尚的高尔夫球队”，队员也由十几人发展为上百人的队伍，已经是中国最具有代表性的球队之一。6 月 1 日，中国企业家高尔夫球队迎来了第二个十年的第一场球——2017“BMW · 道农杯”中国企业家高尔夫巡回邀请赛。恰逢六一儿童节，队员们都戴上了鲜艳的红领巾，化身“老顽童”，迎着朝阳激情挥杆。

三是道农会。道农会是由中国企业家俱乐部举办的跨界领袖年度聚会，活动实名制定向邀请 200 席，2009 年起每年末在北京举行。道农会以“看不见的顶层，看得见的格调”为特色，被誉为“大象们的聚会”和“商界春晚”。道农会致力于打造中国的名士精神，成为中国精英群体社交、互助、分享和情感释放的平台。

2017 年 1 月 6 日，道农会在北京举行，200 位企业领袖、驻华使馆代表、学者、政府官员、演艺明星、公益名人共同出席。本届道农会的主题是“匠心正好”。匠心，是初心，是利他之心，是通往商业成功之路必须具备的，是一种精神感召。时间正好，心情正好，环境正好，匠心正好。在开场节目上，马云饰演诸葛亮，马蔚华饰演赵云，郭广昌扮成周瑜，刘永好饰演黄忠，刘东华扮演高宠，程虹饰演穆桂英。本次道农会上，柳传志真情透露“幸福密码”，马云表演魔术，吴亚军和夏华一起八卦企业家……从另一个侧面反映了他们的这种匠心。

江南会——马云的武侠情结

江南会是阿里巴巴创始人马云于2006年发起投资建造的一所会所，被称为杭州最高档而低调的一家会所。会所位于杭州三台山路的鸽鹄湾一带，隐没在青山绿水之间，远没有其他西湖周边景点来得喧闹，马云视其为“风水宝地”，整个会所建筑面积约2000平方米，共7座小楼，此前是杭州旅游景点先贤堂所在地，供奉杭州历代先贤。

◎ 江南会发展历史

先贤堂始建于宋代，宋宝庆二年（1226年），京尹袁韶奏请朝廷建一座祠庙，以祭祀杭州从先秦至北宋1000余年出生或生活的39位名人贤士，有高士许由，隐士严光，书法家褚遂良，诗人罗隐、潘阆、林逋等等，祠临湖而建，堂内陈列着刻有诸贤头像和生平事迹的石碑。元初堂废，2002年后杭州西湖西进，开始恢复西湖历史水域和历史建筑后重建，作为介绍、展示杭州名人文化和纪念缅怀先贤的场所。现在，游客入内，仍可见先贤堂原貌。

百年前，“红顶商人”胡雪岩的“商道”撑起的是“商”之脊梁。2006年由冯根生、郭广昌、沈国军、鲁伟鼎、宋卫平、丁磊、陈天桥、马云8位浙商发起的江南会将再论当代“商道”。

江南会是一个精英们的聚合点，它的使命是将一代商贾的光荣与梦想传承下去。追溯历史，除了胡雪岩，在江南把“商”形成一个“道”来说的基本上是少之又少。作为文学或者国学这些“学道”，每个时期都有几个名人说了几句话而且影响了足足几代人，但是从商的角度来说，这样的代表人物却只有胡雪岩。于是这八位大侠带着传承商道的精神，立志将江南会打造成一个活着的博物馆。浙江商人讲究以利和义，生意和兄弟情谊是两码事。但是只要兄弟出了事，立马都会拔刀相助，浙江商人就是以这种法则在延续。江南会将一直记录下商界发生的大大小小的事情。若干年后，只要后人走进江南会，就会从中得到积极的启示意义，能从中得到百年商道文化发展的精髓。

◎ 江南会的文化内涵

江南会的每一位会员都是叱咤商界的英雄人物，这里到处洋溢着金庸武侠式的感觉。他们是来自全球的知名企业家、资本大鳄、学者耆英、政界领袖。这是一个由政界名流圈、商界名流圈、文化名流圈、社会名流圈组成的精英的聚合点。

江南会以“江湖”闻名，饭桌上有热闹非凡的江湖菜，生意场上有侠气十足的“江湖令”。传说中的江湖令，由会员持有，如若持有者的公司出现紧急状况，出示此令，轮值主席则有义务召开“武林大会”，共同商讨对策，帮助会员渡过危机。并且，会员仅有一次使用令牌的机会。不过，据江南会总经理薛亮介绍，目前“江湖令”仍处于设想阶段，加之金融危机，因此其推出还并没有确切的时间表。

江南会确切地说并不是一个餐馆，而是“会”的地方，犹如武林大会齐聚各路英雄豪杰，这里每走一步都能感受到英雄的气息。在这里，始终找不到一个菜单，因为吃什么和你开什么会请什么人有关。江南会营运负责人 Jason 说这里的标准并不像外面传的那样，多少起步价，这个标准由客人的要求来定，如果是商务会议，也许只是简单但不失隆重的西式简餐，人均 500 元至 3000 元都可以。如果是正规的商务宴请，那么或许会采用分餐制的招待方式；如果是一场庆功会，则又会变成热闹的圆桌饭。

江南会的文化内涵源于马云的武侠情结。这种情结也影响着阿里巴巴。阿里巴巴有着独特的“花名”制度，大部分员工会从武侠小说中找一个名字，作为自己在公司的代称。马云给自己取名“风清扬”——《笑傲江湖》中一位看淡江湖的世外高手。他的会议室叫“光明顶”，办公室又称“桃花岛”。在马云的影响下，阿里巴巴的企业文化也是用“独孤九剑”“六脉神剑”这样的招数来命名。

不仅痴迷于武侠，马云还真的练武术。他的办公室里有各种刀剑，马云会边比画刀剑边思考公司战略。打太极拳是他的最大爱好，为了学好太极拳，马云专门去太极拳发源地河南陈家沟学艺。近年来他已经多次在台上公开表演，一手陈氏太极拳打得有模有样，看起来已有数年功力。阿里巴巴因为马云推崇太极拳和太极文化，甚至会在内部开会时边打太极边讨论，阿里巴巴内部已有数千员工学习太极拳，“让员工也学会慢下来，静下来”。

武术的真义不在拳脚，而在背后蕴藏的哲理。常人打太极，强身健骨；马云打太极，却一直在琢磨太极的虚实之道，并运用到阿里巴巴的战略规划中。“在太极里，我最欣赏的三个字是定、随、舍。定，是一种企业的战略定位与布局；随，是在发展中要因势利导；舍，则是更高的境界，要学会放弃。”他这么总结自己的太极之道。阿里巴巴的结构调整让很多人看不懂，从一剑到七剑，七剑又变成25个事业群，或许这也是马云从习武中悟出的灵感。

“我从太极里面懂得了竞争、身体的变化、灵气、虚实，这才是乐趣。”马云这样说。在激烈的市场竞争中，他也不忘运用自己从功夫中悟出的道理。绝代高手过招，在于方寸之间，对方方寸一乱，则胜局可定。在谈到与京东的价格战时，马云曾说：“跟对手竞争的过程中，最主要的就是让对手心情变糟糕……对手方寸一乱，你才有可能赢。”与心急火燎意图一击杀敌的对手不同，凭借着阿里巴巴的强大实力以及从太极中悟出的哲理，马云在市场竞争上显得格外从容淡定。

正和岛——高端人脉与价值分享平台

正和岛创办于2010年，创始人刘东华长期为以企业家为主体的决策人群服务，洞悉他们的核心需求，并以健康的价值观和善于对结果负责的能力赢得了决策人群的深度信任。他希望能借助互联网的力量把20年集聚的价值放大，可以服务更多的企业家群体。正和岛是中国商界第一高端人脉与价值分享平台。它是企业家人群专属的集facebook、微信与微博于一体，线上线下相结合的，为岛邻提供缔结信任、个人成长及商业机会的创新型服务平台。为保证每个来的人都是对的，正和岛采取严格的实名制、会员制、收费制、邀请制。

◎ 正和岛的内涵与文化

“正和”在博弈论里是相对于“零和”与“负和”说的，意思是博弈各方通过合作可以创造更大的价值，共享“合作剩余”，各方所得都大于单打独斗的结果，其实就是通常所谓互利共赢的意思。

正和岛所要倡导构建的，正是这样一种良性的商业生态。

基于这样的内涵，正和岛的定位是“中国商界第一高端人脉与价值分享平台”；使命是“链接有信用的企业家，让商业世界更值得信任”；愿景是“让全世界有信用的企业家都居住在正和岛上”；核心价值观是“缔结信任：让有信用的企业家在一起，让在一起的企业家更有信用。个人成长：推动企业家线上线下的互相学习，帮助他们高效提升决策智慧、突破管理瓶颈。商业合作：推动企业家之间的相互了解信任，帮助他们安全实现资源对接，做到抱团发展，合作共赢”。

◎ 正和岛的产品服务

一是网站/客户端资讯：全推荐制的企业家内参。“狮子最相信狮子，鹰最相信鹰”，这是正和岛“全推荐制”资讯模式的原点。所有资讯均由岛上的“狮子”（企业家）和“鹰”（专家学者、意见领袖）们相互推荐，相互点评，共同分享。每天24小时，为企业家人群提供最具价值的判断依据和决策参考。

二是《决策参考》：越重要的人越需要。正和岛月度内参《决策参考》是一份向企业决策者精准推送的纸质读物，同时覆盖政界、学界、传媒等各界领袖，在信息过剩、价值稀缺的时代，通过汇聚“看得见未来”的顶级智慧，萃取“看不见的商业真金”，提供“越重要的人越需要”的价值。《决策参考》的所有文章均由最具判断力的重量级人物推荐、点评、批注。成思危、柳传志、吴敬琏、王石、鲁冠球、郭广昌、罗斯柴尔德勋爵等名家都在《决策参考》上推荐“独家私藏”。内容板块包括心事、趋势、商道、岛上风光、杂瓣等。

三是《每日推荐》手机报：5 分钟不错过世界。正和岛不生产新闻，让圈内最具判断力的头脑，为用户推荐每日必看的七条资讯。周一至周五每天 18 时发送，覆盖近万名高端企业家、经济学家、意见领袖。

四是“企业家看天下”。这是正和岛面向公众尤其是商业决策人群的“微门户”。以正和，以奇胜。打造“正和体”的个性表达——既言之有物，又不装孙子、不说假话、不过分偏激。是新浪微博上的“企业家大本营”。理性地判断，建设性地表达。

五是官方微信：从手上到心上，不可错过的移动智囊。企业家的移动智囊，传递从手上到心上的价值。聚焦企业家的想法、干法、活法与玩法，每天都有独家、新鲜的材料。

◎ 正和岛的线下活动

一是岛邻大会，这是岛邻们的“年度盛会”。岛邻大会是面向正和岛全体岛邻的年度主题聚会，也是年度思想盛宴与年度狂欢。岛邻大会将会集领袖型企业家、成长型企业家以及专家学者、跨界领袖的智慧与能量，共建企业家寻找已久的精神家园，在这个家园每个岛邻人都是主角。

岛邻家宴：每年 12 月末正和岛会设下一席家宴款待正和岛的岛邻及贵人们。在某座“岛”上与天南海北的岛邻朋友一同盘点本年度商业事件，展望来年趋势，梳理岛内家务，自编自演节目助兴家宴欢度新年。用“岛家”的方式让每位正和岛的岛邻及贵人都能在新旧交替的时刻获得别样的体验感。

正和岛夜话：这是正和岛与夏季达沃斯、博鳌亚洲论坛等众多知名高端商界平台进行深度合作，以论坛的形式植入这些平台，分享商业智慧，探讨商业精神，拓展商业人脉。

二是正和岛商学院，这是岛邻们的“商学院”。正和岛商学院是聚焦于岛邻“个人成长”需求，强调企业家之间的相互学习，从“本土经验、全球智慧、心灵之旅”三个方向为岛邻提供深度互动价值的产品。

岛邻互访：让学员带着问题，走进中国各产业领域内最具代表性、最具影响力的标杆企业，深入企业现场参观、学习，与企业高管现场交流，学员之间着眼于问题的解决，深度互动、研讨，并由专家学者进行引导、点评和总结。这是向具有中国最佳经验的企业家学习、分享其理念和管理方法的最好途径和方式。

海外游学：商学院与代表全球最高水平的国际学术研究机构合作，开发海外游学课程，组织学员到国际一流商学院访学，深入到全球500强企业内部进行现场学习，并进行深度的切磋与交流，拓展全球视野，分享国际前沿理念，学习先进的管理理论和方法。

三是岛邻自组织活动，这是岛邻们的攒局。该活动是岛邻们基于正和岛建立起信任关系，在共同的兴趣、爱好的基础上自发自然形成的社交团体。在一次次的自发“攒局”中，岛邻们回归自我、回归内心，聊自己不为人知的困惑与迷茫、曾经放弃的与坚守的，也聊未来的打算；互相出主意，提建议，彼此给予温暖与力量。

阿拉善 SEE 生态协会——企业家与环保的不解情缘

阿拉善 SEE 生态协会（SEE）成立于 2004 年 6 月 5 日，是由中国近百名知名企业家出资成立的环境保护组织。协会是会员制的非政府组织（NGO），同时也是公益性质的环保机构，奉行非营利性原则。

◎ 阿拉善 SEE 生态协会发展历史

善缘起于善因。2001 年，中国企业家宋军在内蒙古阿拉善盟斥资 5000 万元建成月亮湖生态旅游景区。之后的 3 年多时间，这座沙漠生态景区吸引了北京首创集团总经理刘晓光、清华同方环境有限公司董事长林荣强、南洋教育集团董事长任靖玺、盘龙云海药业集团董事长焦家良、联合运通投资顾问有限公司董事长张树新、中民集团总裁刘京、巨人投资公司董事长史玉柱、新浪 CEO 兼总裁汪延等百位中国企业家陆续到访，茫茫沙漠中的亲身体验，使企业家们深深感到了中国西北的严重沙化。尤其是阿拉善作为近年威胁北京的沙尘暴发源地，每年以沙漠面积1000平方千米（相当于一个中等县城面积）的速度逼近华北，辐射影响东南沿海地区，以及日本、韩国的局部。正是沙尘暴的严峻挑战，唤起了百位中国企业家共同的社会责任感，并将其汇集为一个事业——改善和恢复内蒙古阿拉善地区的生态环境，减缓或遏制沙尘暴的发生，并推动中国企业家承担更多的社会责任。

2004年6月5日，百位中国企业家在广袤的腾格里沙漠排成一道历史性的风景——中国首家以社会（Society）责任为己任，以企业家（Entrepreneur）为主体，以保护地球生态（Ecology）为实践目标的NGO（非政府组织）公益机构——阿拉善SEE生态协会正式诞生。作为发起人的80位企业家们承诺：连续10年，每年投资10万元人民币，以减缓阿拉善的沙尘暴为起点，致力于保护中国的生态环境，促进人与自然的和谐，促进人与社会的和谐，促进人与人的和谐。

阿拉善SEE生态协会的建设宗旨是，遵循生态效益、经济效益和社会效益三者统一的价值观，推动人与自然的可持续发展，以阿拉善地区为起点，通过社区综合发展的方式解决荒漠化问题，同时推动中国企业家承担更多的环境责任和社会责任，推动企业的环保与可持续发展建设。

◎ 阿拉善SEE生态协会宣言

2004年6月5日阿拉善SEE生态协会全体发起人于腾格里达来沙漠月亮湖发布《拉善SEE生态协会宣言》，内容如下：

为什么我们这些企业家要从五湖四海来到阿拉善沙漠？为什么我们要成立一个“阿拉善SEE生态协会”来参与中国治理沙尘暴的事业？因为我们心中有希望和梦想。我们希望中国经济越来越发达，人民越来越富裕，我们希望人与人之间更加友好和善，我们希望中华大地山清水秀，一片生机勃勃，我们希望世界人民共同生活在一个美丽的地球村上，我们梦想一个人人有机会实现自己心愿的大同世界。

中国的现代化进程，使中国社会走上了和平发展之路，中国经济得以持续增长，人民物质生活水平得以稳步提高，中国社会得以全面进步，中华民族进入了全新的发展时期。回顾中华民族百年苦难的历史，我们为我们的时代感到骄傲和自豪，我们极为珍惜历史给予我们的自由创新与和平发展的大好机会，我们愿意本着建设性的态度，理性地面对我们遇到的诸多困难和问题，在发展的进程中逐一将其解决。

我们认识到，在中国经济持续高速增长的同时，我们的一些对自然不友好的思想方式、生产方式和生活方式，正在日渐毁坏与我们唇齿相依的自然环境。我们过去所取得的那些经济成就中，有不少是建立在巨大的环境成本之上的。空气和水污染、江河湖泊枯竭、洪灾旱灾频繁发生，森林面积缩小、草场退化、生物多样性锐减、土地荒漠化、沙尘暴兴起，这些问题影响到百姓生命财产的安全，影响到我们企业经营的环境，影响到社会的稳定，影响到中华民族的生存根基。自然环境是人类的依托，如果自然环境被我们彻底破坏了，我们的一切梦想和追求也就失去了依托。在生态环境日趋恶化的今天，我们不得不问自己一个问题：我能为环境质量改善做点什么？

由于人口众多，资源稀缺，环境容量小，企业科技积累较低，中国的现代化进程将持续面临环境资源的压力。经济与生态的双重压力，要求我们的企业家自觉地将企业发展和环境保护共同纳入视野，要求我们积极寻求经济增长与环境保护的统一，要求我们努力探寻中国新的现代化道路。新的时代新的问题新的责任，要求我们不断超越自己身上的不足和局限，要求我们培育起新的价值观、新的理想、新的人格、新的行为规范。

基于这样的自觉和共识，我们这些来自不同区域、不同行业、不同所有制的企业家们自觉地会合于阿拉善沙漠，共同签署本宣言。我们大家将各尽所能，努力使“阿拉善 SEE 生态协会”得到中国社会和世界的认可，使之发展成为中国治理沙尘暴最重要的环境公益机构。我们愿为本宣言所倡导的愿望和梦想而真诚努力。

参考文献

［1］刘逸春. 圈层商业［M］. 北京：新华出版社，2016.

［2］［美］汤姆·彼得斯，南希·奥斯汀. 追求卓越的激情［M］. 张秀琴译. 北京：中信出版社，2010.

［3］［以色列］尤瓦尔·赫拉利. 人类简史［M］. 林俊宏译. 北京：中信出版社，2014.

［4］其他来源：百度、搜狐等各大网站最新资讯。